這就狼的智慧：
愛你的家人，
負起你該負的責任，
遇事不輕言放棄，
更不會停下遊戲的腳步。

——埃莉・H・拉丁格

狼道

Wolf's intelligent thinking

讀懂了狼道，也就讀懂了人生

汪峻 主編

前言 以狼為師

成功的人是跟別人學習經驗，
失敗的人只跟自己學習經驗。

——佚名

每一本傳記，都有一個高低起伏、織就成功的動人故事；每一本勵志書，也都有篇篇錦繡、句句珠璣的能量美文。但這些在「狼道」精神崛起之後，就顯得蒼白無力了。

在二十一世紀的今天，狼的一生與狼的智慧，給人們帶來了無限的震憾與無比的激勵作用，這些都是引導我們走向明日——更積極的人生——的啓示。

法國雕塑大師羅丹說：「世間的活動，缺點雖多，但仍是美好的。」

因此，不管您現在身處何處、擔任何職？「展望明日的美好」應是人們彼此之間的共同願望吧？所以，如果你想改變自己，那麼認識「狼道」就會成爲「明日美好」的「必要課題」了。

今日的社會是一個群策群力的合作時代，個人英雄主義已不流行了，所以我們要向狼學習：狼與狼之間的默契配合、成爲狼成功的決定性因素。不管做任何事情，它們總能依靠團體的力量去完成。狼群的凝聚力、團隊精神和訓練有素，成爲決定它們生死存亡因素。正因爲如此，狼群很少眞正受到其它動物的威脅。狼駕馭變化的能力與堅韌的生存毅力，使它們成爲地球上生命力最頑強的動物之一。

狼的態度很單純，那就是對成功堅定不移地嚮往。在狼的生命中，沒有什麼可以替代鍥而不捨的精神，正因爲它才使得狼能在殘酷大地中生存下來。狼的耐心總是令人驚奇，它們可以爲一個目標耗費相當長的時間而絲毫不覺厭煩。敏銳的觀察力、專注的集中力、彼此間默契的配合、好奇心的探究，以及了不起、超乎常人的戰鬥力，使狼總能在一生中獲得成功。

學會適應不等於「忍者無敵」。當環境朝著不好的一面發展時，不能一味地忍，要改變環境。當我們長期處在同一個崗位，重複同一件事時，很容易產生單一思維，缺乏創新。如果遇到了瓶頸，無法前進時，你不妨可以考慮換個環境。

優勝劣汰，狼是勝出者，因爲它們懂得適應環境，不論是森林、草原，乃至北極、沙漠等都有狼的棲息。所以，不要給自己找藉口，老是認爲時勢造不了英雄，英雄被埋沒了。

狼是貪婪的，它們永遠不會滿足於眼前的獵物。但爲自己想要的東西拼命努力時，也要常常知足於自己所擁有的。健康、平安都是你的財富，在朝向更偉大的目標時，也要學會享受當下。

誰都要經歷坎坷，有心跳，就有起伏；有人生，就有起落。所以，當你處在壓力當中時，不要害怕，這是正常的。站起來，把它熬過去——人生沒有過不去的坎！

沒有壓力就沒有人生；不懂得適應環境的人，才會對抗環境。我想每一個人都聽過「順勢而爲」這句話；老牌藝人孫越也說過，「人生像沖浪，順著浪走，就會成功。」

世間成功的道理是十分淺顯而易懂的，不懂的是人們很難突破自身，去改變自己。

「改變自己」其實並不難，只要你把今日的習慣思維做一次更新，就可以完全駕馭新的人生了。您可以這樣想：很多事情都是這樣——當你邁出第一步時，最困難的部分已經完成了。

目錄

第一章

「競爭」是很公平的人生法則

——狼道：沒有競爭，就等於沒有人生

狼道，是追求卓越的野心；

狼道，是獵獲成功的目標。

競爭本身沒有手段，只有身段

——動物界的自然規律就是弱肉強食，這一點在狼性中表現得最為突出，不只是因為狼懂得進攻，狼也懂得退縮。狼還有堅韌、無畏、忍耐的精神。狼永遠都在打造自己、開拓視野，讓自己在自然界中變得更加完善、更加完美。

香港首富李嘉誠說：

「要成爲領袖，無論從事什麼行業，都要比競爭對手做好一點。」

一九六一年7月，當年僅四十三歲沒沒無聞的民主黨候選人約翰．甘迺迪向美國總統職位發起挑戰時，與之抗衡的對手是實力遠比他強大的共和黨總統候選人尼克森。那時，正值共和黨當政時期，現任總統是第二次世界大戰中立下赫赫功勛的艾森豪．威爾。作爲這位深獲重望的領袖正宗繼承人的尼克森——他已在艾森豪．威爾手下當了八年副總統，他的名字早已和總統一樣深入人心，並一致被認爲是成熟和優秀的政治天才。

在這樣一個耀眼的發光體面前，約翰．甘迺迪不過是初出茅廬的無名小輩，無論如何也比不上執政的共和黨所具有的優勢以及影響力。然而，選舉結果卻大跌眼鏡、大出人意料；當總統的並不是尼克森，而是約翰．甘迺迪。

這一震驚全世界的結局，是什麼原因造成的呢？很大程度上取決於甘迺迪所使用的絕招：那便是利用尼克森已有的聲名，戰勝尼克森。

原來，在競選活動進入最關鍵階段的時候，美國全國性無線電——電視聯播網，不惜以損失幾百萬美元的代價，提出免費讓兩黨候選人一起到電台進行辯論，同時向全國實況轉播。這對於正因為付不起昂貴的電視轉播費而犯愁的甘迺迪，正是求之不得的機會。而尼克森卻無法迴避這一挑戰，為顧惜自己的名聲，不得不與對手進行旗鼓相當的舌戰，這便無形中為對手提供了揚名全國的機會，提高了對手的檔次。

儘管在第一次電視辯論之前，大多數觀察家都預測，經驗豐富和素有電視王牌演員之稱的尼克森，完全可擊敗年輕稚嫩的甘迺迪。然而，當兩張面孔同時出現在屏幕上時，人們的看法馬上改變了。

尼克森迫於守勢，在燈光的照射下顯得那樣心轅意馬，目光散亂，彷彿「讓全世界看來好像是一個愛刮鬍子和不停地冒汗的人，老是憂鬱地等待著商業廣告出現。他才能喘口氣似地。」而站在他對面的那個無所顧忌的後生，卻顯得那麼新鮮生動，富有朝氣，笑容可掬地侃侃而談，神態冷靜而大方自然。

初生之犢不畏虎——僅僅一個回合，關於約翰・甘迺迪，「太年輕和毫無經驗」，不能當總統之類的說法，頓時顯得蒼白無力了。

更爲重要的是，當一個陌生的新面孔出現時，本身便格外地引人注目，更何況是採取與全國最有名望的人物斗膽對抗的形式出現的呢？挑戰者總是比防守者更佔主動，許多人因此而知道了甘迺迪的名字，而且是在讚許和認同的氣氛中知道他的存在。

一顆新星從此冉冉上升，並日益爲人們所矚目。

第一次電視辯論後，「甘迺迪」的名字在千萬美國選民的大腦中留下了刻痕，其印象之深，以至於人們對以後幾次的辯論，都不那麼感興趣了。

面對聲名赫赫的尼克森，甘迺迪巧用「借光原理」，反而使無名之星變得更加光明。

實際上，尼克森從政之初也正是用這種方法才紅起來的。在競選加利福尼亞民主黨州議員時，當時在政治上沒沒無聞的尼克森，通過與當了十年之久的老牌議員沃勒斯，進行一系列面對面的辯論而出名。在副總統任上，他又通過與蘇聯領導人赫魯曉夫進行非常精彩的「廚房辯論」，而贏得全國聲譽。

在美國歷史上，還有一位非常典型的總統約翰．亞當斯，這位美國第二任總統在英雄輩出的時代，雖然才識超群，但在各項事業中卻差不多是屈居第二位。獨立戰爭之前在麻薩諸塞州從事愛國運動，他比起他慷慨激昂的堂兄薩姆·亞當斯來，就不免遜色。後來在大陸會議中被指派爲《獨立宣言》起草委員會成員之一，比起才華橫溢的托馬斯·傑佛遜也不能不甘敗下風。

作爲一名外交官，他出使歐洲進行國務活動，但比起班傑明·富蘭克林又差了一等。後來在擔任美國第一任副總統和第二任總統期間，他也一直被喬治·華盛頓總統的聲望所蓋過。

在這英雄輩出的年代，亞當斯不僅沒有被淹沒，反而利用借光發光的原理，集群星之光芒，成爲美國歷史上深諳治國之道，在政治學說的闡述上最有成就的總統。

頑強的競爭者，就是勇者

——雖然它大多數時候都處於孤獨、荒涼和寂寞的環境中，但這並不妨礙它去得到成功。相反地，正是那份守得住寂寞的心，才能煉造出鋼鐵的意志力，將自己永遠的定格在不敗之地。

日本著名的作家武者小路篤實說：

「用自己的價值去進行競爭，並不是壞事。」

現代的社會，競爭是家常便飯，是每天都必須面對的，但這種競爭並不是不擇手段要拼個死活，或互揭瘡疤，弄得烏煙瘴氣地。像是同事之間的競爭，並不是以擠走對方、搶占對方的職位為目的。眞正的競爭就是有利於工作效率的提高，有利於公司業績的提升。

競爭不只是在公司、團隊內部展開。優秀的員工應該把眼光放長遠，站在整體的立場上去面對競爭，而不是站在個人的立場上去面對競爭。從公司或團隊的立場上來說，在團隊裡所有的員工應該同心協力，打敗競爭對手，爲公司爭取更大的業績、更好的前景。

不管是在公司內部，還是公司所處的環境，都決定了一個優秀的員工應該具備有狼那樣的戰鬥性格。因爲這種性格決定了員工的鬥志和心氣，這種精神的力量絕對不能小視。

在動物界中，狼根本就不是上帝的寵兒，尤其是在食肉動物中，狼根本就沒有絲毫優於其他動物的身體條件。

世界上沒有任何一件事，還沒有做之前就能肯定是百分之百的成功。成功的人與失敗的人只有一個區別：是否做到頑強和堅韌。頑強與堅韌，是行動的基礎，是一個人走向成功非常重要的心理素質。一個人只有在心理上充滿必勝的信念，對自己從事的事業確信無疑，並有堅忍不拔的意志力，他才可能邁出堅定的步伐，產生克服困難的力量與智慧，想出解決問題的方法和對策，贏得他人的信賴和支持。

狼已在地球上生存了幾百萬年，這確實是一個奇跡。人類由於對狼的偏見和憎恨，曾經對狼進行大規模的屠殺，但狼仍然頑強地生存至今。現在，越來越多的物種從這個星球上消失，越來越多的物種被人類列入保護的行列，狼卻一直沒有被人類馴服，也沒有弱小到需要靠人類的保護才能繼續在地球上生存下去。

雖然我們不能否認狼群的數量一直在減少，難道這不是野生動物們共同的命運嗎？但在遼闊的草原，在潮濕的熱帶雨林，在乾燥的沙漠，在寒冷的北極，在世界上的每一個地方都有狼群。這是何等頑強的生命，是多麼令人感概的物種啊！

大部分的狼群都喜歡生活在森林和草原地區，但各種區域也無法與它們「劃清界限」，在沙漠、平地和冰原等地都可以找到它們的蹤跡。

狼是不冬眠的動物，它們幾乎不會像其他動物那樣貯藏食物。因此，在漫長而寒冷的冬季，它們就必須四處尋找食物。這對狼群來說，食物才是最大的考驗。它們的捕食對象，有很多都躲在溫暖的洞穴中沉睡，即使是不冬眠的動物，也在洞穴裡儲存了足夠的食物。

草原上的狼群，一到冬季，就會由於惡劣的自然條件而被淘汰一部分，但這種淘汰在無形中優化了狼群。經歷冬季的考驗之後，生存下來的狼群有著比原來更頑強和堅韌的生命力。

狼爲什麼而活著？

這對世界上最聰明的人類來說，也是深奧無比的問題。也許僅僅是爲了生存，爲了狼群一族的存在。這並不應該是我們的關注所在，至少在這裡是如此。我們應該關注的是：並不被上帝所寵愛的狼，在殘酷的自然環境下、在與各種動物你死我活的爭鬥中、在最可怕的敵人——人類的屠殺後，狼依然頑強地在這個地球上生存。

狼的確是地球上生命力最爲頑強的動物之一。因此，狼永遠是可敬的對手。

是你適應環境，不是環境適應你

——雪山、草地、原始森林、戈壁沙漠，不難看到我們的蹤跡。我們被大多數動物和人類認為是凶猛貪婪的野獸。是的，我們常成群結伴的生活，共同襲擊龐大的敵人，捕獲弱小的動物。我們是動物中的靈長類，我們知道，不可有傲氣，但絕不可沒有傲骨，我們做到了。我們被認為是殘忍的，這是我們的天性，在我們的世界裡，沒有懶惰，也沒有縱容，有的只是狂野的進攻。

法國哲學家帕斯卡爾曾說：

「人不過是天地間的一支蘆葦，是自然界最脆弱的東西；但他是一支會思想的蘆葦，而思想形成人的偉大。」

當我們面臨許多事物，不同的人用不同的方式和態度去面對，得到的結果是截然不同的。

在生物進化學之父達爾文的《物種起源》裡面，總結出所有生物能夠存在並繁衍下去的唯一原因就是可以適應環境的變化，並總結出生物進化的唯一眞理——「物競天擇，適者生存。」

在上億年前，身體龐大的恐龍曾一度統治地球，在世界上找不到任何一種生物可以與它們抗衡，但是恐龍最後還是滅絕了，永遠地退出了歷史生命的舞台。原因只有一個——它們不能適應周圍環境的變化。

在哺乳動物當中，適應能力最強的就要數狼了，它的棲息範圍包括荒野、草原、森林、沙漠、冰原等多種環境。海拔高度也不能限制其分布，在青藏高原，狼的分布很廣，密度也較大。在溫帶地區，如蒙古高原，狼遍布草原。在北半球的所有地區，包括沙漠的邊緣和北極，都留下了狼群的足跡。

在大西洋的一個不知名的小島上，有一種漂亮的紅嘴鳥。亞熱帶的溫暖氣候和長年不斷的潮濕季風使這裡成了植物的天堂。紅嘴鳥以島上的昆蟲和植物種子爲食，過著無憂無慮的生活。但是，有一年，一場海嘯摧毀了島上的大多數植物，而緊接著的長達七個月的乾旱，更是給島上的生物帶來了「滅頂之災」——幾乎所有的植物都給滅絕了，只剩下了一種叫作「小刺球」的矮小灌木。

這種小灌木枝條柔韌，長得矮小，可以抵禦很強的颱風，而且它們的枝條上有厚厚的蠟質層，有效地阻止了水分的蒸發。最重要的是，它的種子周圍是結實的木質結構，還帶有很多的尖刺，這樣既防止了成爲鳥類的口中美食，又可以隨時抓住地面上的一切東西，生根發芽。正是因爲這種適應乾旱多風天氣的特性，才使這種植物在島上殘留了下來。

島上的動物大部分也因爲惡劣的環境而滅絕了，但是令生物學家驚異的是，一部分紅嘴鳥因爲不能適應環境的變化而死亡，而另外一部分卻安然地生存了下來。在生與死之間它們到底有什麼樣的差別呢？活著的紅嘴鳥靠什麼樣的「秘密武器」才成爲優勝者？

於是，生物學家帶著疑問來到了島上，經過三個月的調查研究，終於發現了其中的秘密。原來植物的滅絕使島上的鳥類失去了食物，唯一可以維持鳥類生存的食物就是「小刺球」的種子。

但是，紅嘴鳥在吃這種食物的時候，卻像在攻克一座堡壘一樣困難：先要用爪子按住帶刺的種子，然後用長喙啄開堅實的外殼，用盡全力才能夠到裡面那用來「活命」的種子果仁。

之後，科學家又發現，生存下來的紅嘴鳥的嘴喙，比淘汰出局的紅嘴鳥的嘴喙要長出0.1毫米。就是這0.1毫米，造成了生與死的差別！俗話說：「失之毫厘，謬以千里。」這部分紅嘴鳥先一步適應了環境，獲得了寶貴的生存權，而那些沒有適應環境的，則付出了生命的代價。

在人類社會中也是如此，心理學家洛欽斯提出了一種「第一效應」理論（即首因效應），比如運動會，絕大多數人的目光都聚集在冠軍的身上，哪怕亞軍比冠軍只差那麼微不足道的一點點，也會造成巨大的反差。

狼在對環境的適應能力上更勝其他動物一籌。從寒冷冰封的北極到炎熱難耐的赤道，從終年乾旱的沙漠到濕潤潮濕的雨林，從季風肆虐的海邊到空氣稀薄的高原，到處都有狼生存的足跡。

寒冷、飢餓、疾病，甚至人類的屠殺，都沒能讓這個頑強的種族退縮。一旦環境改變，狼往往是最先做出反應的動物，正因爲如此，才使它們成爲動物界的強者。

「適應能力」對於每個渴望獲得成功的人來說都是非常重要的，或者說這也是成功著他必須具備的基本素質。如果一個人連最基本的適應能力都做不到，恐怕眞的會連生存都會出問題，更不要說其他的了。

社會是一個大的群體，個人的力量與整個社會環境相比，永遠都是微不足道的。所以，在適應環境的過程中，每個人一開始扮演的都是一個被動的角色。那麼怎麼樣才能化被動爲主動，把生活的節奏掌握在自己的手中呢？答案就是學習與變化。

當環境改變，尤其是向壞的方面變化的時候，一方面，我們不能逆來順受，當作什麼也沒發生；另一方面我們也不能怨天尤人，讓失望與憤怒沖昏頭腦。正確的做法應該是用我們自己冷靜的態度、樂觀的精神，去不斷地適應新的崗位、新的環境，同時也是在面對新的機遇，在變化中尋找走向成功的機會。

優秀與平庸之間，往往就在於你對環境適應過程中的前後一秒鐘上，越是主動的人，越容易抓住這寶貴的一秒鐘，從而在變化中學會適應，在適應中爲自己營造成功的階梯。

當然，人生之路並非一帆風順，或多或少會走一些逆風之路，此時試想：生活中的逆風正好是磨礪自我意志，錘鍊自我韌性的好時機，善於抓住這個時機，成功就在面前、就在腳下。

即使改變不了環境，也要改變自己來適應環境；

即使改變不了事實，但也可以改變對待事實的態度。

面對現實所處的環境，巧抓機遇，善於改變自己，由被動轉變成主動，心靈之火在不經意間燃燒出新的希望，就進入了與環境適應的另一個世界。就像每天起床，空氣都是新的，在新的一天裡，應該更好地去發揮自己，創造出屬於你的新領域。

許多時候，正是由於經受某些小挫折就放棄了努力，但遇上前面是一段長長的逆風之路也不要氣餒，要堅持勇於去攀爬，去實現自己最初的夢想，不要垂頭喪氣，或開始自暴自棄。只要冷靜思考一番再出發，掌握好遠航的舵，用不同的方式獲取成功的良機，結果就不存在半途而廢、無功而返了。其實環境也是兩面性的，最好的總是和最壞的同時出現或者同時存在，那麼在遇上挫折之際你是否覺察到崛起的希望，並把崛起的希望點燃成燦爛的火種！

適應的能力是邁向成功的階梯

——命運中注定我將處於孤獨、荒涼與寂寞中，我學會了忍耐，我盤踞在荒原一角，養精蓄銳，屏息以待，終究有一刻，激情會全面爆發，支持我那勇猛一擊！我在無邊無際的荒原，任憑風吹雨打默默地向前疾馳，偶爾仰天長嘯，要撕裂漆黑的夜色，回音響徹大地！

法國諾貝爾文學獎得主羅曼．羅蘭曾說：

「只要把抱怨環境的心情，轉換為前進的力量就會是成功的保證了。」

「適應」不是一句虛無縹緲、輕飄飄的話，在適應過程中肯定有碰壁的疼痛和酸楚的淚水，也肯定有面對坎坷與荊棘的茫然和彷徨。任何能通達成功頂峰的路都不會平平坦坦的，在蜿蜒崎嶇的路徑上高呼著響亮的口號，讓自己像個勇士那樣，在適應的過程中越挫越勇的人，最後才會贏得鮮花與微笑，最先適應新環境的人，必定是離成功最近的人。

二十世紀70年代，著名的波音公司董事長威爾遜先生就開始著手物色接班的人。他制訂了一份波音高層主管的發展計劃，以便選出波音未來更出色的領導人。

在這個計劃中，威爾遜列出了包括十幾個人在內的候選人名單，將他們任命爲自己的副手，並不斷地向他們施以壓力，他要看看他們中間到底誰更能在適應中經受住多個崗位工作的考驗。

經過一次次激烈的競爭，一次次嚴密的篩選，最後候選人名單上只剩下了兩個人：簡．桑特和弗雷特．馮茨。桑特的專長是工程，而馮茨的專長是企劃。

威爾遜爲了能更眞實地檢驗一下兩個人的實際能力，首先調換了兩個人的工作，看一下他們的綜合能力。

威爾遜先找到桑特說：「桑特，你先暫時離開767專案組，來總部搞企劃，好嗎？」桑特沒有考慮就答應下來，然後去總部報到，迎接新的挑戰。

接著，威爾遜又給弗雷特．馮茨打電話說：「馮茨，準備一下，公司決定讓你暫時離開企劃部，去管理707、727、373部門。」

「可是，我根本不了解那兒的情況啊！」馮茨提出了疑問。

「你害怕承擔責任嗎？」威爾遜皺起了眉頭。

「不，當然不是。威爾遜先生，我只是認爲不應當冒險承擔失敗。」馮茨果斷地回答。

威爾遜的眉頭舒展開來，他故意用生氣的口氣說：「公司已經決定了，努力去幹吧！」

馮茨也只得走馬上任了。馮茨在管理707、727、373部門的同時，也通過不斷的實踐、探索來使自己適應新的工作環境和任務，最後成功地開發了737—300型發機。當時這種飛機爲波音贏得了大量的訂單，大大地提高了公司的收入。而此時桑特的工作也特別出色。

接著，馮茨又被派到銷售部做飛機銷售的工作。他也很快就適應下來，以律師的雄辯口才，在各類談判中屢建奇功。另外，在與空中巴士、道格拉斯等大公司的競爭中，也爲波音公司立下了汗馬功勞。

通過不斷地適應，馮茨源源不斷地爆發出自己的潛能，而且每到一個新的崗位上都能迅速地接軌並游刃有餘地處理好各種問題。對於這一點，他自己都感到驚奇，後來成爲董事會主席的他，對波音公司的全體員工說：「很多的事實證明，在多層次上具有適應能力，並在適應的過程中能夠發揚光大的人，才是一個最出色的也是值得重用的人！」

這是一個弱肉強食的世界，不管你是否承認，只有努力才能成爲眞正的強者。我們就拿企業中的員工來說吧。其實要成爲一個優秀的員工，就應該具有狼群的那種戰鬥性格。謙讓、退縮、息事寧人並不是現代人的生存哲學。由於教育的普及，我們的社會對一般性的人才的需求已經處於飽和狀態。如果不在公司或企業中表現出自己的價值，那麼在經濟不景氣的情況下，這個員工就很有可能被裁員。即使你有一顆仁厚之心，也不會有人把自己的工作拱手相讓的。所以，提升自身的競爭力，才是當代社會人的王道。

無論是在狼群、還是在人類社會中，生存原本就是一場你死我活的戰爭，「弱肉強食」歷來都是大自然最公平的裁決。對於一個眞正的強者來說，生存的最高境界就是在競爭中超越自己。面對現實社會激烈的競爭，一旦懈怠，就意味著退步，意味著失敗。

對一隻狼來說，生存並不是它的全部內容，生存要有生存的價值和目的，它們的生存價值就是要在競爭中實現自我，而生存目的就是要超越自我。否則它們大可以去撿食腐肉，可以去吃農作物，這些食物要比那些活蹦亂跳的獵物更容易得到。可它們沒有去幹這些玩意。它們的祖先經過一代又一代的努力，經過一代又一代的奮鬥，使它們和那些食草動物有所區別。

如今的它們，繼承了祖先的鋒牙利爪，這些遺產使它們高居於食物鏈的最頂層。它們不光要捍衛現實的利益，還要致力於尙未達到的目標。因爲只有那些能給後代留下豐富遺產的物種才能一代又一代地繁衍下去，才能不被這個充滿競爭的世界所淘汰。

這裡有一個「鯰魚效應」的例子：在一個森林公園裡曾養殖幾百隻梅花鹿，儘管環境幽靜，水草豐美，又沒有天敵，而幾年以後，鹿群非但沒有發展，反而病的病，死的死，竟然出現了負增長。後來他們買回幾隻狼放置在公園裡，在狼的追趕捕食下，鹿群只得緊張地奔跑以逃命。這樣一來，除了那些老弱病殘者被狼捕食外，其他鹿的體質日益增強，數量也迅速地增長著。

所以，對於梅花鹿說，競爭對手就是追趕它的狼，時刻讓梅花鹿清楚狼的位置和同伴的位置。跑在前面的梅花鹿可以得到更好的食物，跑在最後的梅花鹿就成了狼的食物，任何一隻梅花鹿都不想死，因此它們拼命地奔跑，最後在危險中存活下來。沒有競爭就沒有進步，沒有競爭就沒有競爭對手，也就沒有超越自我的動力。

面對現實社會激烈的競爭，一旦懈怠，就意味著退步。企業和員工只有保持對同類競爭與社會發展的高度敏感性，才不會降低工作效率，使自己一直保持高效的運轉，擁有旺盛的生命力。永遠不自滿，你就會成爲像狼一樣的強者。

在草原上，狼的生活區域相對固定，一個狼群往往只活動在某個特定範圍，但是這種情況也不是絕對的。草原沙漠化、人類入侵等各種情況已對狼的生存構成了威脅，當環境惡劣到狼無法生存下去的時候，狼群一般會「轉移陣地」，搬遷到一個更適合自己生存的地方去。

但這並不一定意味著我們的改變，就一定能夠適應新的環境，這時候我們不妨換一個角度來思考：既然無論如何我們也無法適應當前的環境，那麼爲什麼我們不去換一個環境試一下，說不定就能找到一個適合自己的新環境。

現代交通發達，十分方便，人們可以毫不費力地來往於世界上的各個角落，自然環境已經無法限制萬物之靈的人類了。但是與動物不同，人類還需要適應另外一種環境——社會環境。現代社會競爭激烈，想要平平淡淡地待在一個地方、做同一份工作，安安穩穩地過一輩子，有時候幾乎是不可能的，我們必須防患於未然，增強自己在不同環境下的適應能力。

比爾．蓋茨有段很著名的話：「在微軟，你必須時刻調動起你的工作激情，非常靈活地利用一切有利於你發展的機會，這就要求你要有極強的適應能力。在微軟公司，我們試圖給員工盡可能多不同崗位的工作機會，鼓勵有興趣參與管理的員工，去不同的管理部門工作。爲此，如需要在地區或部門之間調換你的工作時，你都應坦然地去面對。」

在微軟公司裡，員工在同一個工作崗位上大約只能待三個月，一旦員工勝任了現有的工作，那麼也該輪到他去試試別的工作了。

這是一種打破常規的做法。事實證明，微軟的這項令人難以理解的舉措收到了良好的效果，整個公司的工作效率總是保持著一種蒸蒸日上、生機勃勃的局面。

不論是從事什麼職業的員工，常年堅持在一個崗位上重複著相同的操作，久而久之，肯定會產生一種單調、厭倦的心理或消極的感覺，進而影響到工作的積極性和創造性，效率低下也就在所難免，使人極容易陷入思想僵化的境地。這些負面特徵對員工來說都是極其危險的。

微軟公司定期給員工變換環境的做法，一方面打破了以往那種「職位高低，工作好壞」的等級觀念，強調的是每一個崗位都非常重要，每一個人都要適應在不同的崗位上進行工作，並經受磨煉；另一方面，更重要的一點是，這項制度強調的是對員工實際工作能力和對環境適應能力的培養。員工在一個崗位工作時間久了以後，容易麻木僵化，看什麼都會「習以為常」，反應遲頓，這樣一旦換了新環境，就難以適應。

適時地改變一下環境，換一個工作崗位，可以令員工在新崗位上萌發新的、從未有過的渴望和激情。同時，在新崗位上肯定會遇到些新的問題和挑戰，這就要求員工不斷地去增加知識、補充營養，提高自己在新環境下的適應能力，員工一直在一種緊張的狀態下，工作效率自然就會提高了許多。

一般來說，人才成長是有其自身的規律的，人的才能增長也有著周期性。一個人一旦在一個不變的環境裡待太多的時間，就很容易產生惰性。經常性地更換一下環境，有利於讓人保持一種緊張感，保持學習的熱度，這樣對增強人對環境的適應能力是很有幫助的。

人要適應環境，從另一個角度講，環境對人也有很大的影響。作爲萬物之靈的人類並不應該以簡單的生存爲人生目標，而應該以如何讓自己生活得更好爲生活目的。俗話說：「近朱者赤，近墨者黑。」就是這個道理。環境對人的作用是巨大的，有好的一面，也有不好的一面。

對環境的適應能力不單純指對艱苦環境的抵抗力，也在於不斷地尋找適合自己生存的最好環境。現在的年輕人剛入社會工作以後，在前面幾年跳槽的人最多，這也是一種適應環境的自發的行動。一些人後來尋找到了適合自己的工作，也就是找到了適合自己發展的地方去努力，最後取得了成功，這些人我們可以說是適應能力強的人；而另外一些越換工作越覺得沒意思，一年到頭碌碌無爲，這樣的人對環境缺乏必要的判斷分析能力，是缺乏適應能力的一群。

總之，單純地順應環境是一種適應，努力地戰勝環境也是一種適應，適當地變換環境還是一種適應。這裡，最重要的是讓環境變成自己個人發展的助力，而不是阻力。

不懂變通之道，會被時代淘汰

——家鄉固然值得眷戀，但是當危險降臨、生存受到威脅的時候，我們會選擇離開。離開家鄉並不是逃避，是為了尋找更美好的明天。

網路遊戲媒體人、漂亮女主播石悅說：

「只有變通，只有切合實際的行動，才能適應這個變化萬千的世界。因爲天眞的理想主義者，縱使執著、縱使頑強，（在本質上）卻依然是軟弱的……」

在草原上，即使我們什麼都沒有了。至少，還有勇氣。這是我們最大的財富，有了勇氣就有生存的動力、就可以努力去爭取一切。

狼在幼年時期，就已經顯露出它們以強者自居的競爭本能。強者爲王的生存原則，從它們出生那一天起就已表現出來。

在「弱肉強食」的動物界，狼族的競爭意識尤其強烈。它們不但要面對與不同種類動物之間的競爭，而且還要面對狼群彼此之間存在的激烈競爭。

狼爲了生存必須相互爭奪食物與領地，因爲狼群只能在屬於自己的領地內進行生活、覓食，領地的大小根據它們捕食對象的多少而定。而捕食對象的多少取決於這個地區的獵物數量。在獵物分布較密集的地方，狼不必奔襲很遠便可獲得一頓美餐。但是在較荒涼的棲息地，由於只有少量的獵物存在，狼則需要跑到很遠的地方才能捕獲獵物。

在狼群中也有等級之分，處於最上層的是阿爾法狼，位居最底層的是奧美佳狼，奧美佳狼通常是雄狼，而且是狼群中個子最小的種族，經常被「高狼一等」的同族虐待，在任何方面都處於劣勢地位，特別是吃東西的時候，永遠都是最後一個「上桌」。

但是「哪裡有壓迫、哪裡就有反抗」，生活在底層的狼也不例外。在底層的狼爲了能夠生存下去，它們會變成非常嚴苛的動物。它們開始爲狼族作的貢獻非常少，就如同它們得到的利益一樣。於是，在一段時間之後，底層的狼總是在結束冒險並證明自己的生存能力之後，脫離現有的狼群，開始新的生活，它們會參與其他族群，並開始經營它們自己的族群。

奧美佳狼知道，它們改變不了環境，只能去改變自己。在狼族中，這群最爲弱小、地位最低的狼總是被遺忘在角落，但如果它沒有因此放棄生命而勇敢地生存下來，最後往往能夠成爲隻優秀的狼，成爲主宰狼群的頭狼。因爲這種嚴酷的生存環境使它經歷了更大的磨礪，使它積累了更爲完善的生存技能。

在狼的世界裡，除了嚴酷的內鬥，最主要的還是對外的侵略。狼的生存主要是依托在戰勝對手、吃掉對手的方式上，反之就會餓死。而捕獵是危險的，狼在捕獲獵物的時候，當然會遇到獵物的反抗，如有遇到大型的獵物，還會危及到狼的生命。

狼一旦捕獵成功，還要時刻保持高度的警惕，防止其他想不勞而獲的動物的襲擊。除了保護食物，成年的狼還要扛起保護幼狼的責任，因爲其他的動物也經常會襲擊、捕殺狼的幼崽。狼必須時刻警惕來自四面八方的侵襲。

最後，狼還必須與人類抗爭，人類無疑是狼繁衍生存最強勁的對手。

在這種險惡的環境中，狼族正是憑借其無所畏懼的野性、永不屈服的意志，才能夠戰勝對手，在逆境中生存下來，成爲陸地上食物鏈的最高種群之一。

狼是以剛強與凶悍生存於世的動物。老獵人經常這樣形容狼：狼的神經是老樹根做的，骨肉是花崗石雕刻的。這樣的形容無疑是在誇讚狼擁有堅韌不拔的意志。

如果一隻狼的後腿在無意間被捕獸器夾住了，狼不會像羊一樣等待厄運的降臨，它會果斷地咬斷自己的後腿逃生。狼可以用三條腿走路，也可以用三條腿奔跑。狼撒尿時會蹺起一條腿來，其實就是對跛腳生活的一種演練。狼在快速奔跑時，四條狼腿中也總有一條閒置不用，靠三條腿運動向前，這也是一種防患於未然的措施。獅、虎、熊、豹這樣的猛獸一旦斷了一條腿，就會走路趔趄一跛一跛地，嚴重影響狩獵的速度，但是狼不會。

狼這種以三條腿行走的本領，既不是老天爺的特殊眷顧，也不是造物主的慷慨恩賜，而是從幾萬年前的老祖宗承傳下來的經驗法則——在嚴酷的叢林生活壓力下磨煉出來的一種生存技巧。

對於人類來說，惡劣的環境往往也是產生強者的土壤。如果你不甘做環境的犧牲品，就應當頑強地生存下去，成爲主宰環境的強者。但是在生活中，有很多人面對惡劣的環境只會無休止地抱怨，把逆境當成魔鬼，卻不知道如何從逆境中奮起，也不知道只有競爭才能磨煉出強者。

現代社會，競爭非常激烈，人人都在尋找成功的機遇，所以你若沒有十足的競爭意識，只能把機會拱手讓人。因此，在很多情況下，我們必須努力去改變不利於自己發展的環境。

人類有許多潛能，除非遭到巨大的打擊和刺激，否則永遠會被封閉起來，永遠不會顯露出來。這種神秘的力量深藏在人體最深層，非一般的刺激所能激發，但是每當人們身處惡劣的環境中，在極其苛刻的生存條件下，那些追求成功的人就會下意識地激發這種潛能，努力奮起，改變自己的處境，成爲主宰環境的強者。

因此，競爭是推動人類社會向前發展和個人成長的強大力量，沒有競爭鬥志的人，不可能喚起內心中最大的進取動力，這樣的人在今日的社會中是很難走得更遠的。

無論是在狼群還是在人類社會中，生存原本就是一場你死我活的戰爭，「弱肉強食」歷來都是大自然最公平的裁決。

在動物界激烈的競爭中，狼充分地了解了自己，在對外戰爭的時候，它們揚長補短，不擇手段戰勝對手。在狼群內部，每隻公狼都有爭奪狼王位置的權利，因此它們總是充分發揮自己的領導才能爭奪這個位置，畢竟狼群是一個「強者爲王」的世界。

競爭是市場經濟最普遍的一種現象，同時也是市場經濟最具魅力的特徵。在職場上，競爭無處不在，每一個人都時時刻刻承受著由競爭帶來的生存和發展的壓力。然而，一些眼光開闊的人並沒有將自己局限於無休止的競爭之中，而總是善於從同伴或者對手那裡汲取智慧，善於同各種有專長的同路者眞誠合作，從而最大限度地發揮出自身的聰明才智，加速自己成功的步伐。

在營銷史上，百事可樂和可口可樂兩家公司的戰鬥一共打了一百多年，前面的七十年，百事可樂長期生活在可口可樂的強大壓迫之中。甚至百事可樂曾三次上門請求被可口可樂收購，卻被拒絕。這是因爲它的攻擊點即定位不準確，自然，攻擊的效力很差，其中最有名的一次攻擊發生於二十世紀30年代。當時，美國經濟蕭條，大家沒有錢，這時百事可樂推出了一個廣告，說：「花同樣的錢，買雙倍的可樂。」它從價格上打擊可口可樂，短期內奏效了。但很快，當可口可樂把價格降下來之後，優勢又回到可口可樂的手中。也就是說，對手可以複製的戰略就不是好的戰略，它沒有對準對手的戰略性弱點。

直到一九六〇年末期，當百事可樂定位於「年輕人的可樂」時，才算找準了可口可樂戰略上的弱點。因爲可口可樂是傳統的、經典的、歷史悠久的可樂，它的神秘配方至今仍被鎖在亞特蘭大總部的保險櫃中，全世界只有七個人知道保險櫃的密碼。所以當百事可樂找出針鋒相對的反向策略，從而把可口可樂重新定位爲落伍的、老土的可樂時，百事可樂從此才走上了騰飛之路。

從三次請求收購到一九八八年中期幾乎逼平可口可樂，並最終迫使可口可樂放棄傳統的配方，轉而推出新配方可樂，即複製百事可樂的「新一代」戰略。可口可樂複製百事可樂新戰略的結果是營銷史上有名的大災難，甚至發生了消費者上街示威的事件。消費者的口號是「還我可口可樂」，它不可能複製「年輕人」的戰略。事實上這教育了可口可樂回到傳統可樂上來。

查爾斯・格利戈爲七喜汽水發展出的「不含咖啡因的非可樂」戰略，也是攻擊到了可口可樂與百事可樂戰略上的弱點，才使七喜汽水一舉成爲美國的第三大飲料。作爲可樂品類的兩個代表品牌，可口與百事的配方中是不能不含咖啡因的，沒有了咖啡因就不能叫可樂，所以「不含咖啡因」的戰略就是對手不能複製的。不過後來兩大公司確實忍不住了，居然還眞推出了「不含咖啡因」的可樂。像新可樂一樣結果當然行不通，它們都沒有成功。

在三大飲料的市場競爭中，有的成功了，有的失敗了，這是爲什麼呢？這是因爲失敗者沒有在競爭中認清自己，讓自己走上了不可複製的道路，必然失敗。因此只有充分了解自己的企業，才能在競爭的大軍中吹響凱旋的號角。

其實，人生如企業一樣，都是一場永無休止的競技場，無論成功還是失敗，都只是一個臨時的站台。過去的成功與失敗都不重要，重要的是在競爭的過程中，要全面地認清自己、審視自己，從中汲取經驗，從而完善自己。

對於每個人來講，要清楚地認識自己很重要，不僅生命是自己的，而且職業也是自己選擇的，人生道路是自己走出來的，我們自己才是人生的主角。每個人都有不同的天分，只要按自己最擅長、最喜歡的部分去延伸，就必定能夠塑造出一個璀璨的自己。

生活在這個社會裡，生下來就要競爭，只有擁有狼一般的競爭精神，才能更好地看清自己，使自己成爲生活中的強者。

競爭是工作中最棒的調味料

——我們有我們的家族；我們有我們的紀律；我們有野性的拼搏精神；我們的性格就是野、殘、貪、暴；我們富於進取心和攻擊性；我們不輕言失敗。因為我們並不是咬死一隻羊飽腹而已。我們這種富有攻擊性、貪婪、執著的精神，就是我們在森林中爭取生存的態度；我們的生活就是不斷的競爭，超越自我。

英國哲學家、經濟學家亞當．史密斯說：

「一個事業若對社會有益，就應當任其自由，廣其競爭，競爭愈自由、愈普遍，那事業就愈有利於社會。」

風雪漫天，草原上沒有任何地方可以躲藏，狼群就依偎在一起取暖，以抵抗寒冷的壓力；乾旱季節，狼群往往數十天找不到任何食物，個個餓得皮包骨頭，抵抗著飢餓的壓力；人類入侵，草原沙化，狼群又不得不抵抗著生存的壓力。不管壓力有多大，狼群都一直高昂著不屈的頭顱，壓力在它們眼裡，只不過是前進的動力，是取得成功的必然過程。

從本質上說，「適應環境的過程，就是一個戰勝壓力的過程。」在現代社會，無形中的競爭殘酷而激烈，每個人都會遇到工作、生活以及其他方面的巨大壓力。這時候，有些人戰勝了壓力，他們的生活就充滿了勝利的愉悅與成就感；有些人被動地承受壓力，他們的生活則是陰暗的，永遠沒有陽光。

壓力是客觀存在的，關鍵就在於我們怎麼樣去看待壓力，對壓力是否有一個正確的態度。壓力就好像是一塊石頭，如果你把它扛在肩上，那麼它就是你前進的負擔，是你成功路上的攔路虎、絆腳石；反過來，如果你把它踩在腳下，那麼壓力就是你成功的助力，聰明人總是可以想辦法把壓力變成鞭策自己的動力，讓自己更快地取得成功。

現代社會生活中的壓力症，不僅在精神上是沉重的負擔，在肉體上也是使人們身心疾患發生的根源。現代醫學證明，很多心腦血管疾病、免疾功能失調、胃潰瘍等症狀，就是因為工作生活壓力太大而造成的。

把壓力轉化為動力固然是適應環境的一種方法，但是，人的精神和肉體上的負荷畢竟有限，當我們在面臨各方面的壓力，或者壓力過於強大時，大多數人是沒有辦法把壓力完全轉化成動力的。這時候，我們就需要學會舒緩壓力，把壓力對身心的損害降到最小。戰勝壓力不是忍受壓力，人好比是一個氣球，雖然你可以把壓力轉化成動力，就好像氣越多，氣球就越大。但是每只氣球的容量都是有限的，每個人對壓力的承受能力也有一個限度，如果超過了這個限度，氣球就會爆炸，人就會崩潰。

所以，學會緩解壓力也是適應環境的一種手段。最近的精神科學研究發現，對於「壓力」採取一種完全無反應、無視的態度，有助於維持身心的健康。

在草原上，隨著時間的推移，不斷地有生物產生，有生物消失。環境的變化造成物種的變遷是很正常的一件事情。但是狼卻不管環境怎麼變，始終是草原上的王者。成千上萬年艱苦環境的磨練，不僅磨煉了狼鋼鐵一樣的意志，而且養成了狼的彈性性格。

現實生活中也是如此，在同樣的環境下，同樣學歷或者能力的人，有些人一舉成名，獲得事業、人生的成功，有些人默默無聞，甚至被淘汰出局。爲什麼同樣的環境下不同的人會出現如此大的差異呢？歸根結底還是在對環境的適應上。在社會生活當中，有一個能夠適應環境的「彈性性格」是必不可少的。

什麼是「彈性性格」？彈性本來是物理學中的一個概念，它是指物體在受外力作用下，產生形變，若除去外力後形變隨之消失。物理學中有一條定律，它的意思是，在彈性限度內，物體的形變如扭曲、拉伸，均與彈力體的彈力成正比。把這條定律用在人的性格培養上，其要義就是使人的性格具有彈性，能伸能縮，能夠正確對待與處理生活中遇到的各種困難。

一根筷子，用力一折，很容易就斷了，可是一根藤條，卻無論如何也折不斷，難道是藤條比筷子更結實嗎？事實上並非如此，只不過是藤條比筷子更柔韌罷了。生活中也是一樣，我們生活的環境總是在不斷變化的，環境的變化總是會影響到身處其中的人，就好像我們給筷子和藤條所加的外力。

三國時期的司馬懿（一七九－二五一），就是個能屈能伸、有彈性性格的人。魏明帝死後，太子曹芳即位，就是魏少帝。曹爽當了大將軍，司馬懿當了太尉。兩人各領兵三千人，輪流在皇宮值班。曹爽雖然說是皇族，但論能力、資格都比司馬懿差得遠。開始的時候，他不得不尊重司馬懿，有事總聽聽司馬懿的意見。

後來，曹爽手下有一批心腹提醒曹爽說：「大權不能分給外人啊！」他們替曹爽出了一個主意，用魏少帝的名義提升司馬懿為太傅，實際上是奪去他的兵權。接著，曹爽又把自己的心腹、兄弟都安排了重要的職位。司馬懿看在眼裡，裝聾作啞，一點兒也不干涉。

曹爽大權在手之後，就開始尋歡作樂，過起荒唐的生活來了。為了樹立他的威信，他還帶兵攻打蜀漢，結果被蜀軍打得大敗，差點全軍覆沒。

司馬懿表面不說，暗中自有打算。好在他年紀也確實老了，就推說有病，不上朝了。

曹爽聽說司馬懿生病，正合他的心意。但是畢竟心中有鬼，對他還是有點不放心，還想打聽一下這位老太爺到底生的是眞病還是假病。

有一次，有個曹爽的親信官員李勝，被派任爲荊州刺史。李勝臨走的時候，到司馬懿家去告別。曹爽要他順便探探情況。

李勝到了司馬懿的臥室，只見司馬懿躺在床上，旁邊兩個使喚丫頭伺候他吃粥。他沒用手接碗，只把嘴湊到碗邊喝。沒喝上幾口，粥就沿著嘴角流了下來，流得胸前衣襟上到處都是。李勝在一邊看了，覺得司馬懿病得實在可憐。

李勝對司馬懿說：「這次蒙皇上恩典，派我擔任本州刺史（李勝是荊州人，所以說是本州），特地來向太傅告辭。」

司馬懿喘著氣說：「哦，哦，這眞委屈您啦，并州在北方，接近胡人，您要好好防備啊。我病得這樣，只怕以後見不到您啦！」

李勝說：「太傅聽錯了，我是回荊州去，不是到并州。」

司馬懿還是聽不清，李勝又大聲說了一遍，司馬懿總算有點搞清楚了，說：「我實在年紀老，耳朵聾，聽不清楚您的話。您做荊州刺史，這太好啦。」

李勝告辭出來，向曹爽一五一十地說了一遍，說：「太傅只差一口氣了，您就用不著擔心了。」曹爽聽了，甭提有多高興啦，於是再也沒把司馬懿放在心上。

公元二四九年新年，魏少帝曹芳到城外去祭掃祖先的陵墓，曹爽和他的兄弟、親信大臣全跟了去。司馬懿既然病得厲害，當然也沒有人請他去。

哪知等曹爽這幫人一出皇城，太傅司馬懿的病可一下子全好了。他披戴起盔甲，抖擻精神，帶著他兩個兒子司馬師、司馬昭，率領兵馬占領了城門和兵庫，並且假傳皇太后的詔令，把曹爽的大將軍職務撤了。

曹爽和他的兄弟在城外得知消息，急得亂成一團。有人給他獻計，要他挾持少帝退到許都，收集人馬，對抗司馬懿。但是曹爽和他的兄弟都是只知道吃喝玩樂的人，哪兒有這個膽量。司馬懿派人去勸他投降，說是只要交出兵權，絕不爲難他們。曹爽就乖乖地投降了。

過了幾天，就有人告發曹爽一伙謀反，司馬懿派人把曹爽一伙人全下了監獄處死。

司馬懿這一伸一縮，就把心腹大患給除掉了。司馬懿不僅在政治上能屈能伸，在戰爭當中也是如此，一開始在北方指揮作戰的時候，司馬懿大開大合，打了不少勝仗，這是其能伸的一面。後來，諸葛亮帶兵進攻魏國，司馬懿深知自己在謀略上不如諸葛亮，只好縮起來堅守。諸葛亮就想出一個計謀，派人給他送了一套婦女穿的衣服，嘲笑他像女人一樣沒膽量。其他的將領都十分氣憤，紛紛要求出戰，但是司馬懿旁若無人地穿上女人的衣服，繼續喝酒。諸葛亮沒辦法，糧草快耗光的時候只好率兵撤退。

正是靠著這種能屈能伸的頑強適應能力，司馬氏在三國的亂世中崛起，最終取代了魏、蜀、吳三國，建立了晉朝。

燃燒人生並不是一味地透支，即使是再強壯的身體，也有疲勞的時候，勞逸結合是一種生存的策略。身體是生存的本錢，休息是狂奔的前奏。

個人能力是適應環境的重要一環，但是這並不意味著這種能力在不同的環境裡通通適用。在大海裡，鯊魚是無敵的霸主，可是在魚缸裡，金魚卻比鯊魚生活得自在。

每個人都有「懷才不遇」的情況，這時候與其怨天尤人，還不如踏踏實實做好自己目前的工作。姜子牙「垂釣於渭水」，諸葛亮「躬耕於南陽」，後來他們都成了著名的人物，說的都是這個道理。

心理學家告訴我們，人的性格雖然比較穩定，但又不是一成不變的，它具有可塑性。彈性性格的形成，在很大程度上直接依賴於實踐活動的鍛鍊。我們可以根據自己所處的環境和條件，結合自己性格上存在的缺點，有意識地進行側重性鍛煉。

如果是急躁易怒、容易衝動的「火爆型」性格，在實踐中應注意多幹些耐心細緻的工作，逐漸養成耐性和「雅量」；如果是孤僻不合群、沉默不多言、敏感不開通的「悶葫蘆型」性格，就要多參加集體活動，在活動中培養合群性格；如果是凡事悲觀、總覺得矮人一頭的「自卑型」性格，則應根據自己的特長多參加諸如爬山、游泳、打球、射擊等帶競爭性的活動，以展示才華，培養和鍛煉自己的進取心和自信心。

人的性格，雖說「江山易移，本性難改。」但其實還是具有非常的可塑性，只是有些人往往只會說：「我就是這種性格！」——笨到只能以此來逃避自己的懦弱。

人生只有一次，對這種人而言，是一趟非常可惜的人生。

第二章

有野心的人，才能提升自己的價值

——狼道：給自己一個目標，人生才能前進

狼道，是一往直前的勇氣；
狼道，是不屈不撓的毅力。

信心是命運的主人

——從狼的身上有人看到了血腥，有人看到了膽氣，有人可能看到了生存，有人可能看到了理想，也有人可能看到了權利、欲望、勇氣、不屈、不撓、責任、毅力或是更多……而我看到了人生，看到了命運，看到了希望，看到了方向，也看到了什麼是生存。

郭台銘說：

「一隻孤雁要經過一片海峽，起飛時要知道怎麼飛；起飛後，要想好下個落腳在哪裡，而最重要的是既然起飛了，就一定要對自己有信心！」

在英國著名的牛津大學校園裡，一有位化學系的年輕女學生，正在同學間侃侃而談：「我將來一定要競選國會議員！」

還沒等她的同學們從驚詫中回過神來，這位女學生又毫不顧忌地說：「以後嘛，就是讓我當首相也不是不可能！」

一陣哄笑。聽到這話的人樂得嘴都合不攏來，沒有一個人不認為碰上了神經病，尤其是眼前這位女子絲毫也沒有謙遜的意思，完全露出一副認真的表情，更叫人覺得可笑和開心。

化學系的同學們怎麼也不會想到，就是這位和他們一樣在實驗室搗弄燒杯玻璃瓶的女孩子，二十年後真的會成為大英帝國的首相，一位在國際政治舞台上有著舉足輕重的地位、連全世界都不得不刮目相看的「鐵娘子」。

二十年前，在大學生活中，瑪格麗特便開始感到與同齡人隔了一層。她犯了致命的錯誤，那就是和學化學的同學談政治，這無異於對牛彈琴。而年輕好勝的瑪格麗特，卻異常坦誠地要和別人溝通，希望用自己的真誠換來別人的回應，結果卻遭受到更多的鄙棄。

越是這樣，她越覺得苦惱；而越苦惱，她越捨不得放棄這個話題。

一次，當瑪格麗特滔滔不絕地談論起她的父親——那位出身於貧困的鞋匠家庭，12歲便輟學就業，靠開雜貨鋪開始個人奮鬥，以至躋身於議員、市長要職的強人，談她父親所讀過的書籍，對各種事情的見解以及堅毅果斷的辦事本領，滿以為這些事一定像當初感動她那樣，使同學們也大受感動，談到動情處，還不無自豪地誇耀說，她父親就是一位雄辯家，具有長時間講話也不用草稿的本領，在當地大受歡迎，連教會也專門派給一輛出租車……

「別吹了，瑪格麗特。」

沒等她說完，七嘴八舌的挖苦已劈頭蓋臉朝她傾盆而下：
「你也有這個才能呢！你現在不就是個雄辯家了嗎？」
「是呀，吹起牛來有板有眼的，當然用不著打草稿嘍！」
「將來你競選首長時，我們一定去租一輛車，供你拉票使用……」
一下子，瑪格麗特被這些尖酸刻薄的話擊懵了。她滿臉通紅地望著那一張張變化著的臉，突然之間發現自己是多麼愚蠢。爲什麼非得要向那些與自己志願完全不同的人來表白呢？在周圍這些平庸的人眼裡，自己不過被人當成一隻蹲錯窩的「醜小鴨」，無論怎麼樣的表白，也絕不會有人把你當成白天鵝的，而越是呱呱不停地嚷，反而越會遭來更多的恥笑和打擊……
從此，瑪格麗特變得更成熟了，她開始學會了以冷靜的沈默來包裝自己的眞心，外表上仍然是一名化學系的女學生，可以在實驗室裡一連做幾個小時的實驗，但並不等於她就此拋棄了熱中於政治的願望，當系裡的同學們在一起說笑時，只有瑪格麗特形隻影單，獨來獨往，在大學四年裡幾乎沒有一個眞正的知心朋友。
這種把個人的熱情從淺薄的表面導向性格深處的轉變，爲日後瑪格麗特．柴契爾成爲聞名於世的「鐵娘子」奠定了堅實的基礎。從錘鍊性格開始，當現實生活圈與個人追求目標水火不容時，瑪格麗特．柴契爾的做法是：改變自己，然後再改變環境。

在表面孤單寂寞的掩蓋之下，瑪格麗特的大學生活實際上已頗爲得心應手。她並沒有影響他學專業的常規學習，儘管她根本就不喜歡這個專業，坐在這裡僅僅只是爲了能置身大學校園，和獲求一紙文憑。

另一方面，她加入了牛津大學的保守黨協會，除了上課、讀書以外，她把全部身心都投入到了政治活動之中，不久即被選爲協會主席，並結識了不少保守黨知名人士，從此進一步培養了政治的熱情和信念，同時對自己的從政才能也更加堅信不疑，這不僅對於一位化學系的女生，就是對那些以主攻法律而通向政治的文科學員來說，也是絕無僅有的。

瑪格麗特從牛津大學化學系畢業後，來到一家塑化公司當化學師，以後又來到萊昂斯公司當了一名化學實驗員。儘管所從事的工作與她的志向還是那樣地不相稱，但此時的她也已相當老練了。在公司裡，她自然又成了同事眼中的「怪物」。

由於她常常一本正經地與男工人交談，所以得了個雅號叫「女公爵」，又由於她在同事中智力年齡的早熟，穿著打扮又老氣，所以同學們還給她取了個外號叫——「瑪格麗特大嫂」。

不管怎樣，她仍然堅持不懈地致力於政治。她爲之而奮鬥的事業目標明確，因而我行我素，對別人的看法和所作所爲無動於衷，雖然一時還沒有能力改變生存環境，做一名職業政治家，但她始終能一如繼往，不斷地錘鍊自己的從政素質，幾乎每一個週末她都要乘火車去倫敦，或更遠的地方參加保守黨的討論，或其他政治性的聚會。在那裡，她常與牛津大學的保守黨老朋友會面，每當在這樣的場合，她便與塑化公司那個化學實驗員判若兩人。

瑪格麗特．柴契爾以後之所以能夠在政治上平步青雲，一個重要的原因，就在於她能夠在正式步入政治舞台之前，便著意於錘鍊個人素質，進行苦苦的潛心修煉，這是一個從小聰明到大聰明的轉變過程，除了自己，誰都不易覺察，但正是這微小的區別，常常決定了一個人的命運。

很多人說，性格決定命運；但對我們狼而言，欲望決定未來。

換言之，即對獵物的野心有多大，就能有多大收穫。追求的道路上困難重重、障礙重重，我們擁有的野心有多大，克服困難的決心和等待成功的耐性就有多大。野心，是對成功的強烈欲望，沒有了欲望，就沒有了追逐的動力，也就沒有可能得到所追求的結果。可以說，欲望和野心，是實現一切成功的先決條件。

目標就是航海家的燈塔

——要想能做大事，就必須要能屈能伸，只要能達到最終目的。過程可以有很多選擇。我們絕對不會花費任何多餘的時間和體力在無意義的事情上，因為我們的眼睛永遠只盯著獵物。

美國有句很棒的諺語：

「噴泉的高度不會超過它的源頭；一個人的成就不會超過他的信念。」

狼與生俱來就有一種敢於挑戰的野心，這個野心是在狼強烈的欲望驅動下產生的，因爲獵物就是狼終生不變的目標。因此，狼的野心是遠超乎一般意義的勇氣之上。

但是從積極的角度來看，狼的野心，恰恰說明狼的上進心、進取心，不安於現狀，不滿足於眼前的蠅頭小利，目光遠大，氣魄宏偉。野心是狼獲取食物的強大武器。狼族的野心是一種夢想，是一種憧憬，是爲了獲取下一個更大的目標。因此，我可以說，野心有多大，狼的腳步就能走多遠。

狼族的生存信念，就是不惜一切代價地獵取食物。人類應該向狼學習它們敢於夢想的野心，每一個奮鬥成才的人，無疑都會有一個選擇方向、實現夢想的問題，因爲人生離不開夢想的引導。有了夢想，人們才會下定決心攻占事業高地，若沒有夢想，人們絕不會採取眞正的實際行動，自然與成功無緣。

只要你有了夢想，選對了適合自己的道路，並義無反顧地走下去，終能走向成功。夢想，是一切行動的前提。確立了有價值的夢想，才能較好地分配自己的時間和精力，較準確地尋到突破口，找到聚光的「焦點」，專心致志地向既定方向猛打猛衝。那些夢想始終如一的人能拋除一切雜念，會積聚起自己的所有力量，成爲工作狂，全力以赴向夢想的高地挺進。

傑西．歐文斯曾被稱爲陸地上「跑得最快的人」，他是現代奧運史上最偉大的運動員，被譽爲「二十世紀最佳田徑運動員」，他強壯的體魄讓人們羨慕不已。

傑西．歐文斯小時候，身體並沒有現在這樣強壯，甚至有點孱弱，支氣管炎和肺炎等各種疾病圍繞著他。

一天，一位著名運動員到傑西所在的學校給孩子們演講，他是查理．帕多克，曾被體育記者稱爲「活著的跑得最快的人」。帕多克在孩子們期待的眼神中開始了他的演講。

帕多克對孩子們說：「你們將來想要做什麼？說出來，然後相信上帝會幫助你實現。」

小傑西眨巴著大眼睛看著帕多克，心想：我要做查理．帕多克這樣的人。

演講結束後，傑西跑到運動教練那兒說：「教練，我有一個夢想！」

教練看著這個瘦得肋骨分明的孩子，問道：「你的夢想是什麼，孩子？」

「我要成爲跑得最快的人，就像帕多克先生一樣。」傑西堅定而激動地說。

「傑西，有一個夢想很好，但要實現夢想，你得有階梯。」教練語重心長地說，「第一級是決心，第二級是投入，第三級是自律，第四級是心態。」

傑西．歐文斯馬上將自己的腳踏上了第一級，他作出了一個決定：不管面對多麼大的挑戰，絕不放棄。隨後，他投入了艱苦的訓練中，並且一刻也沒有放鬆自己，挫折、失敗只能更一步激勵他的鬥志。

一九三六年，柏林奧運會上，傑西．歐文斯在世界所有人目光的注視下，與他前面的運動員擦肩而過，一次又一次的超越，最後讓人窒息的一刻到來了，一百米短跑冠軍誕生了，傑西．歐文斯成爲「跑得最快的人」，在運動會上他一共包攬了四枚金牌（一百米、二百米、跳遠和一百米四人接力賽的冠軍）。

從傑西．歐文斯的身上，我們可以得到一個啓示：想成功，首先就要擁有想成功的野心，然後將你的野心化爲行動。夢想可不是只在嘴上說說，它應該像警鐘一樣時刻鳴響在心頭，無論你是在吃飯睡覺還是在工作，都不能有一刻忘記，一刻鬆懈。

隨著自然環境的不斷變化，草原上的大型動物已經被殘酷的現實淘汰許多了，看似威猛、頑強的老虎、獅子、獵豹、狗熊等動物都難以長久地生存，狼族目睹了這些凶猛的動物相繼滅絕，它們沒有害怕，而是頑強地生存下來了。

可以說是狼強大的生存能力，保證了它們在如此殘酷的自然環境中傲視群雄，也可以說是狼找對了自己的目標，經營自己的強項，才使自己具有了強大的適應能力。狼的這一智慧，是我們最應該學習的。

有了明確的又正確的目標，才會爲行動指出對的方向，才會在實現目標的道路上少走彎路。事實上，漫無目標，或目標過多，都會阻礙我們前進，要實現自己的心中所想，如果不切實際，最終將一事無成。

無論你是天之驕子，還是滿面灰塵的打工仔，無論你是才高八斗，還是目不識丁，如果你沒有找到自己的位置，一切都會徒勞無益。只有找到了適合自己的位置，英雄才會有用武之地。同樣，在職場生涯中，像狼一樣經營自己的優勢，是立足於職場的一大智慧。

有一天，一個年輕高大的退伍軍人來找成功學家拿破崙．希爾。年輕人說他想要找一份工作，但是他覺得很茫然，也很沮喪，只希望能養活自己，並且找到一個棲身之處就夠了。他眼神黯然，希爾認爲，這個長得挺拔的年輕人，前途應該可以大有作爲，可他卻胸無大志。而希爾非常清楚，一個人是否能夠賺取財富，都在他的一念之間。

於是，希爾問他：「你想不想成爲千萬富翁？賺大也可以錢輕而易舉，但你爲什麼只求卑微地過日子？」

「不要開玩笑了，」他回答，「我肚子餓，需要一份工作。」

「我不是在開玩笑，」希爾說，「我可是非常認眞的。你只要運用現有的資產，就能夠賺到幾百萬元。」

「資產？什麼意思？」他問，「我除了穿在身上的衣服之外，什麼都沒有。」

希爾逐漸從與他的談話中了解到，這個年輕人在從軍之前擔任過富勒．布拉許的業務員，又在軍中學得了一手好廚藝。也就是說，除了健康的身體、積極的進取心，他所擁有的資產，還包括烹調的手藝及銷售的技能。

也許光憑推銷或烹飪，是無法使一個人馬上晉身爲百萬富翁，但是只要這個退役軍人找到了自己的方向，許多機會就呈現在眼前。

希爾和他談了兩小時，看到他從深陷絕望的深淵中，變成積極的思考者。一個靈感鼓舞了他：「你為什麼不運用銷售的技巧，說服家庭主婦，邀請鄰居來家裡吃便飯，然後把烹調的器具賣給他們？」

希爾借給他足夠的錢，買一些像樣的衣服及第一套烹調器具，然後放手讓他去做。第一個星期，他賣出鋁質的烹調器具，賺了一百美元。第二個星期他的收入加倍。然後他開始訓練業務員，幫他銷售同樣式的成套烹調器具。

四年之後，他每年的收入超過一百萬美元，並且自行創造品牌、設廠生產。

每個人都有自己的長處和短處，但只要我們認準自己的特長，把目標定在自己能夠發揮特長的領域之內，就能更好地充分發揮出自己的能力，從而迅速地實現目標，獲得豐厚的成果。

在生活中，如果你置自己的優勢於不顧，認為自己無所不能，那你在職場上一定找不準自己的目標，也不可能真正體現你的價值。只有找到了你的最佳目標，你的才華才會有施展的舞台。人，只有找準了自己的最佳目標，才能最大限度地發揮自己的潛力，調動自己身上一切可以調動的積極因素，並把自己的優勢發揮得淋漓盡致，從而成功地邁向人生之途。

那麼只要找對了自己的目標，就能長久地獲得豐厚的收穫嗎？也不盡然，因為時代在不斷地變化，我們必須要隨著時代變化的步伐隨時調整自己的目標，這就要求我們要時刻保持的危機意識，這樣才能最終獲得豐厚的收穫。

野心是奔跑最佳的助力

——在狼的眼睛裡，永遠看不到失敗或是氣餒，因為它們知道，不管經歷過多少次失敗，最後的成功一定是屬於它們的。所以，狼永遠是草原上的王者。

這句話，也是出自美國的諺語：

「不要訂那些微不足道的計畫，因爲它沒有使人熱血沸騰的魅力！」

狂傲的狼嘯回蕩在曠野上空，傾瀉著狼的狂野和雄心，狂野精神是征服一切的雄心。

狼沒有捕捉不到的獵物，就看你有沒有野心去追捕；

狼沒有完成不了的事情，就看你有沒有野心去運作。

目標是人生的方向盤，選準目標才能掌控好生命方舟的前進航向。

專注能讓人將自己的時間、精力和智慧，聚集在自己所要做的事情上，從而最大限度地發揮自己的積極性、創造力，順利實現目標。

一個人要想成爲一個不敗的強者，就要像狼一樣擁有自己的目標，並保持警惕和生存的智慧。要想在異常激烈的社會競爭中處於長久不敗之地，不僅要找對自己的目標，還要有一點危機意識，這樣就可以未雨綢繆，對未來就多幾分機會與把握，也就更容易接近成功，獲得更好、更理想的成績。

狼是一種時刻都保持危機感的動物。八九歲的狼，經歷了太多的生與死的較量。身上的疤痕見證了它們頑強的生命力。因自然衰老而死亡的狼在狼群中所占的比例極其微小，只有一成到一成半左右。從這個數字，我們就可以想像到狼群的生存環境是多麼惡劣。所以，狼必須時刻都保持高度的警惕性，因爲危險時刻都圍繞在它們身邊。只要稍微放鬆，就有可能被獵人打死或者被其他食肉動物吃掉。

狼爲了生存，時刻保持著高度的警惕。同樣，我們爲了在激烈的社會競爭中生存，也必須具備強烈的危機意識。沒有危機意識，就不會在競爭的環境中——穩穩站住，立於不敗之地，一不小心就會在競爭的洪流中被沖走。

機會總是屬於有準備的人。許多成功人士之所以成功，是因爲他們隨時都有危機意識，隨時都在爲競爭作準備，一旦機會來臨，他們就不失時機地抓住了。

狼爲了在自然界中生存，從小就跟著自己的長輩學習專注精神，只要它們認爲有把握的事，它們就會熱忱，不達目的誓不罷休。對於狼來說，追逐有把握的目標是最重要的事情，因爲那是它們的生命所在。

狼生命中的唯一軌道就是完成它自己的目標，然後向著目標前行。在狼遇到獵物的時候，它就有了準確的目標定位，可以充分展示它狼性的作風，或恫嚇或隱藏埋伏，向獵物的方向前行，最後勝利地得到獵物。

這個道理放之四海而皆準，人類社會也是一樣，前進的道路是由目標指引的，無論是在生活還是工作中，第一要緊的事就是樹立目標。有了目標，工作就會充滿追求的熱忱；有了目標，自己才有人生努力的方向。

在現實生活中，有許多人，辛勤地工作，從不偷懶，但一生也只能養家糊口。他們競競業業，讓人敬佩，但等到他們老了，卻感覺自己的一生是那麼的平凡。相比之下，一些並沒有他們勤奮的人卻取得了比他們更大的成就，過上了比他們更好的生活。這讓他們百思不得其解。

其實道理並不複雜，所有成功人士都有個突出的特徵：先擁有明確的目標，然後朝著目標前行。這就是我們前面所說的「不要訂那些微不足道的計劃，因爲它沒有使人熱血沸騰的魅力！」

在現代職場，一個有設定目標的人，毫無疑問會比一個沒有任何目標的人更有作爲；雖說人們所追求的目標不並一定能完全實現，但成功的果實總會大大高於那些沒有任何目標的人吧！

鮑比畢業多年，一次他去拜訪以前的老師。老師見了他很高興，就詢問他的近況。

這一問，引發了鮑比一肚子的委屈。鮑比說：「我對現在做的工作一點都不喜歡，與我學的專業也不相符，整天無所事事，工資也很低，只能維持基本的生活。」

老師吃驚地問：「你的工資如此低，怎麼還無所事事呢？」

「我沒什麼事情可做，又不知道該做什麼事才好。」鮑比無可奈何地說。

「其實並沒有人束縛你，你不過是被自己的思想抑制住了，明明知道自己不適合現在的位置，爲什麼不去試試其他的致富方法呢？說不定你會交上好運呢？」老師勸告鮑比。

鮑比沉默了一會兒說：「我運氣不好，什麼樣的好運都不會降臨到我頭上的。」

「你天天在夢想好運，而你卻不知道機遇都被那些勤奮和跑在最前面的人搶走了，你永遠躲在陰影裡走不出來，哪裡還會有什麼好運。」老師鄭重其事地說，「一個沒有目標的人，永遠不會得到成功的機會。」

做任何事情，沒有目標，再多的努力也會徒勞一場，唯有目標明確，朝著目標而作的努力才有價值，才能有助於實現自己的夢想。如果我們想使生活有所突破，到達新的目的地，首先一定要確定，你的目的地在哪裡。只有設定了目的地，成功之旅才會有奮鬥的方向。

目標定位準確，容易成功；目標定位不準確，就很難成功。目標的定位不但要從實際情況出發，而且要盡可能地讓它越遠大越好，就像一個日行千里的人和一個日行十里的人，精神狀態是不相同的，登高山的人與爬山坡的人發揮的潛能也不相同。我們常常聽到田徑教練對跳遠的運動員說：「跳遠的時候，眼睛看遠些，你才能跳得更遠。」

總之，一切的成功都從目標開始。在大自然界，狼很少會錯失它的獵物，就是因爲它對目標的執著，向著目標前行，是狼唯一的軌跡。蘇聯文學家、文學領航人高爾基曾說：「一個人追求的目標越高，他的才力就發展得越快，對社會就越有益。」一個人追求的目標越遠大，戰勝壓力的力量就越強，才力才會發展得越來越快，越來越大。沒有目標的人，就只能在人生的旅途上徘徊，在同一圈子裡從這個坑跳到那個坑，永遠到不了任何地方。

野心，是狼在大自然界稱霸的動力，人也是一樣，要有實現自己夢想的野心、敢於夢想的膽量。有野心的人，才有旺盛的企圖心與拼搏的鬥志，也才能大膽突破，勇於創新，從無之中，走出自己的一條路。

進攻就是最好的追求

——我不知道什麼叫膽怯，什麼叫羞愧；我奔騰於野性的叢林，愛我者心知肚明，心照不宣；害我者，勢不兩立，絕不留情，在我們的世界裡，愛恨分明、光明磊落，不感情用事、不自嘆自憐，因為我們是狼。

德國希特勒時期的陸軍元帥「沙漠之狐」隆美爾說：

「進攻是最好的防守；進攻，進攻，進攻！」

有的人就像一艘在大海中失去方向的船，漫無邊際地生活著，不知道未來在哪裡，只是在原地打轉，殘忍又無奈地揮霍著生命。無聊、空虛的情緒長期占據心靈，沒有自己可以傾注熱情的事情，沒有豐收的喜悅，使得生命暗淡無光，越活越無聊。究其原因，就是缺乏奮鬥的目標，人生沒有動力，沒有方向，老是被外界環境及壓力牽著鼻子走，一切都盲目不定，聽天由命。

在狼的世界裡，從來就沒有「懶散」這個詞，即使是在睡眠的過程中，狼的精神也處於一種興奮的狀態。在自然界，即使是在飢餓、寒冷的狀態當中，每一隻狼都充滿著生命的活力。爲什麼會這樣呢？原因是狼生存的全部價值就在於一個目標——追逐食物！

早上醒來，睜開矇矓的雙眼，有些人馬上就能進入到一種興奮的狀態當中，忙學習、忙工作、忙事業，一副朝氣蓬勃的樣子。而另外一些人則昏昏沉沉，無所事事，像鬥敗了的公雞，打不起一點精神，甚至抱怨人生無趣。爲什麼在相同的條件下，不同的人會有如此的差別？原因就在於充滿活力的人都知道自己的目標是什麼，自己該做什麼，這樣就會發現生活中的一切都脈絡清楚，在生活、學習和工作當中也就沒有絲毫的猶豫和遲疑；而另外一些人懶散的原因卻往往是沒有明確的人生目標，這樣做任何事情都會覺得索然無味，病懨懨地……

一張紙放在太陽底下不會燃燒，但用聚焦鏡把陽光聚在一個點上，紙就會燃燒。

人一旦有了目標，生命就開始聚焦，才會在生活中發現新的契機，一步步向理想邁進。

愛默生說過：「當一個人知道自己的目標去向時，這個世界就會爲他讓路。」強烈的目標意識，使你超脫紛繁複雜的俗事，產生無窮無盡的力量，積極地採取行動，主動進攻生活中的困難，主動發現機會，練就獨特的智慧。對自己的目標進行時間上的有效積累，就會逐步實現自己的目標。

法國一家心理研究機構顯示，有明確目標的人或對目標有渴求的人，比那些沒有目標的人或者對人生目標模糊的人更容易取得成功。而他們本來的能力所起的作用反而顯得不是特別重要。

美國史丹福大學做了一項調查——關於目標與人生績效的關係。通過對一群普通人進行了25年的追蹤，發現沒有目標的人處於社會的最底層；目標模糊的人成爲藍領（工人）；目標明確的人成爲白領（上班族），屬於專業人士；目標遠大且把目標寫在紙上，不達目的決不罷休的人，最後成爲社會的頂尖人士、各行各業的領袖。調查顯示：目標對於人生的積極影響極其重要。有了目標，就有了努力的依據，就有了人生的動力。

主動出擊是我們狼族永遠不變的生存法則。苛刻的自然環境，加上人類的獵殺，留給我們的生存機會極其有限，如果一味地自怨自艾、扼腕嘆息，等待我們的只有被淘汰的命運。所以，我們在狩獵時，總是會抓住每一個機遇，從不等待，也不畏縮，該出手時就出手。我們深知，機會稍縱即逝，一旦失去，就意味著失敗，而失敗，有時甚至等同於死亡。

在狼的世界中，進攻是狼一生的追求，而積極主動卻是狼一種與生俱來的本性，二者是相輔相成的，只有主動的進攻才能獲得勝利。

在這個物競天擇、適者生存的自然界，想要生存就必須主動進攻。狼深知這一點，所以它們從不守株待兔，而是認眞、主動地觀察和尋找目標和獵物，主動進攻一切可以攻擊和捕獲的對象並捕獲它們。也正因爲如此，狼才能生活在世界上幾百萬年之久，一直延續至今。

狼的這種主動進攻的精神，對於人來說也有必要借鑑一下，如今的社會是一個競爭激烈的時代，不懂得主動進攻就會被社會淘汰，只有懂得進攻的人才能找到一席之地。我們每一個人都要清楚地知道一點，你的事業、你的人生不是上天安排的，而是靠自己主動去爭取的。遠處的風景不會自己走過來，你需要邁開自己的雙腳，主動地走近它。

日本人中田修曾在駐日美國軍隊中當過雜役，做過黑市小販、印刷公司職員，走馬燈似的換了十幾次工作。不是被辭退就是工作不太好，經常流落街頭。一次，他徘徊在東京的一條街巷，感到萬念俱灰，決心躺下來讓車子壓死，想以自殺來結束自己無限的煩惱和痛苦。

那晚，當他躺到街巷中等待死神的召喚時，一輛黑色的小車急速駛來，就在正要輾壓上他時「吱——」剎住了車。車上的人朝他大喊了一聲：「站起來，到一邊去！」

「哎！眞是不走運，就連要結束自己生命的方便都不給！」中田修暗罵一句，晃晃悠悠地站了起來，準備到一街之隔的河邊去完成這件事情。正在他站起來要走到河邊的時候，他突然發現旁邊不遠處有一塊寫著「疊澤設計研究所」的招牌。這塊招牌喚醒了他——我爲什麼不能回頭再去當一名印刷公司的職員呢？就在這一瞬間，他打消了自殺的念頭。

原來，中田修在印刷公司工作時，就被公司職員優厚的待遇迷住了。爲了擺脫飢餓，中田修下決心做個設計師，開一家屬於自己的公司。當時並沒有學習設計的學校，中田修便利用工作的方便，把設計公司的作品帶回家研究，自學設計方面的書籍，堅持了半年，他終於學會了設計方面的技術。

在放棄了自殺念頭後，中田修認眞地想辦法完成自己的心願。沒有雄厚的資金，他通過報紙的小廣告欄招收學生。開始只辦「周日教室」，以後又租借公共場所作爲教室，以容納更多的學生。爲籌措辦學資金，他把「前金制」引入學校的建設之中。所謂「前金制」就是預收款項。慢慢地，一個正式的設計學校就形成了。

到一九五九年4月，他的「東京設計所」在大阪成立。起名東京，是爲了紀念東京那間挽救了中田修性命的設計所。後來，「東京設計所」終於成了日本一流的設計研究所。

人如何才能將一件事做好呢？唯有主動進攻才是眞理。因爲只有選擇進攻你才能改變現狀，只要主動了就有前進的動力，相反面對困難，面對難以改變的局面，只一味選擇逃避，是無論如何也難以取得成績的。

每一個志在職場取得成功的員工，都要時刻保持著主動出擊的積極心態。只有改變自己的被動等待，主動出擊，才能獲得成功。

如果說狼群在無數的交鋒當中，也有其無法戰勝的對手的話，那就是人類了。在人類不曾涉足的地域，狼群無疑是自然界的王者，但是在與人類的交鋒過程中，充滿野心的狼往往是退卻的一方。因爲它們知道，野心不是妄想，實力相差懸殊的時候，當競爭的法則不再公平的時候，退卻是保存實力的最好方法，是另一種生命的智慧。

很多錯誤地以爲，野心是無限膨脹的，是脫離現實的，在野心和妄想之間毫不猶豫地畫上了等號。這是一種極端錯誤的想法，野心絕對不是什麼妄想，野心是熱忱、自信與理想的結合體。妄想是不切實際的，與行動脫節的，是不可能實現的，而野心卻是可以變成現實的。野心往往是靠能力支撐的，而妄想則缺乏這一點。

有野心、有理想的人，它們的「野心」是建立在現實基礎上的，所以，他們往往勇於承認自己的錯誤和不足，正視缺點，並且不斷地彌補自己的缺點來取得最後的成功，實現自己的野心。而妄想的人則完全以自我爲中心，完全不理會客觀的因素，他們從來不考慮自己有犯錯誤的可能。所以妄想和野心，兩者之間是八竿子都打不著的……

先改變觀念的人，就能掌握先機

——不要再只是被動地等待別人告訴你應該做什麼，而是應讓主動地去了解自己要做什麼，並且規劃它們，其後全力赴地去完成它。

成功學大師戴爾·卡耐基說：

「我們大多數人的毛病是，當機會朝我們衝過來時，我們只顧閉著眼睛，很少人能夠去追尋自己的機會，甚至在絆倒時，還不能看到它！」

在自然界中，狼是一種十分貪婪的動物，爲了在殘酷的環境中生存，它們無時無刻不在保持著一種飢餓感。只要遇到了食物，狼就會以迅雷不及掩耳之勢馬上搶占先機，主動發起進攻，恨不得席捲掉所有的食物。

狼從出生那刻起，就背負著兩種身份，一種是捕獵者，另一種是被捕獵者。如果不想成爲別人的獵物，那麼就要想辦法成爲一個捕獵者。而只有保持適當的飢餓感，才能成爲一個優秀的獵人、一個不被獵殺的獵物。只有存在著飢餓感，狼才能在成長中快人一步搶占先機，成爲不被餓死的狼，以逃脫被獵殺的命運。

其實人和狼一樣，關於這個身份，在人的身上同樣看到了狼的影子。從人的角度來說，但凡在事業上有所成就的人，都具有一種如飢似渴的貪念。他們往往在達到一個目標後，還不滿足，而且會快人一步地捕捉到新目標，在搶占先機之後，再度接受挑戰，完成新的目標。過去的目標實現後，又開始制定新的目標，向更大、更能專心投入的目標努力邁進。「貪念」是他們不斷前進的動力，但前提是必須要行動起來快人一步搶占先機，這樣才能讓「貪念」變成現實。

沙特曾經說過：「只有行動才能給生活增添力量。」

不能否認，善於積極主動快人一步抓住機會的人，就會讓自己的生活過得更豐富多彩，更容易取得成功。積極主動不僅僅是一種心態，還是一種可以將你推向成功的動力。

機會——尋可得，坐可失。在尋找機會的時候，只要擁有快人一步的速度，就會果斷地抓住機會，準確地利用機會。而絕不能只把希望寄托在那些偶然事件上，抱著守株待兔的僥幸心理去消極地等待機會。

不過，在現實生活中，不乏這樣的人，總是在等待機會，不主動地尋找機會，或者慢一拍地看著別人實踐機會。其實在我們身邊每天都有許許多多的機會環繞著，有成功的機會，有獲取榮譽的機會，有得到愛情的機會，可是因為我們不快人一步搶占先機往往就會與機會失之交臂。

有很多時候，機會就擺在我們的面前，而我們卻因為懶散、悲觀、被動，讓閃爍著金光的機會悄然溜走，這時我們就會怨天尤人，痛斥命運的不公，越是這樣，機會也走得越遠。如果懂得反省，再積極主動一點，機會就會靠近你，引領你走向成功。

狼的奮鬥深刻地詮釋了主動進攻的意義。狼之所以能在自然界中傲然馳騁，與它們一直堅持著主動出擊是密不可分的，也可以說狼的生存就是不斷前進。職場中的我們，如果想讓自己的人生舞台更加絢麗多彩，那麼就應該聽聽狼的叫聲，感受狼骨子裡那股主動進攻的勁兒。你會從中悟出狼馳騁在大地上的奧秘，那就是主動進攻。主動進攻對於我們來說是一種激勵，激勵我們一定要在工作中積極主動，以實際行動和良好的成績來督促自己，以此來獲得老板的賞識和衆人的認同，最終獲得自己精彩的人生。

狼的一生就是把不斷地尋找新的獵物作爲目標。正是這種「狼子野心」促使狼群不斷地獵取大量食物，從而雄踞食物鏈的頂層。在狼看來，擁有野心、實踐野心，與其說是出於自身生存與族群繁衍的需要，毋寧說是對於自我生命價値的高度認可。狼的血液裡，奔湧著的是狂亂的野性；狼的胸腔裡，搏動的是一顆不安分的心。

狼是地地道道的、天生的野心家。人生存的過程其實和狼一樣，也是完成一個又一個人生目標的過程。野心在人的一生當中是必要的，是成就夢想的第一步，沒有一點野心的人，只能毫無作爲，過著混東混西的混蛋生活，只會在越來越激烈的競爭激流中被淘汰。

一個人的志向也是一個人的事來目標。三國名相諸葛亮年輕的時候只是一個普通的書生，「躬耕於南陽」，他的叔叔在襄陽做官，幾次邀請諸葛亮去爲他效力，可是諸葛亮都拒絕了。

他的朋友們很不理解，讀書不就是爲了做一番事業嗎？爲什麼這麼好的機會卻白白浪費？諸葛亮笑著說：「我要做的是像古代的管仲、樂毅一樣的大事，又怎麼能屈居在小小的襄陽城裡做一個刀筆小吏呢？」

朋友們都認爲他野心太大了，諸葛亮只是一笑置之。後來，劉備聽說了諸葛亮的才能，特意

「三顧茅廬」把諸葛亮請下了山。在諸葛亮的幫助下，劉備從一個四處逃竄的「流浪軍」首領，變成了「三分天下有其一」的蜀國皇帝。由此，諸葛亮也證明了自己的「野心」，並不是什麼「痴心妄想」而是「胸有成竹」。

隨著人類生產力的發展，物質生活水平的整體提高，社會生存的競爭也越來越激烈。要想在競爭激烈的社會上站穩腳跟，沒有一點野心是行不通的。志當存高遠，人的志向與成就從來是密切相關的。如果沒有遠大的志向，就不可能成就大業。一般來說，一個努力向上的人，對自己的要求高，取得的成就就大；而自己的要求低，取得的成就則小，甚至一事無成。一個人即使身居陋室，三餐不繼，但只要有遠大的理想，崇高的抱負，並能奮然前行，就會幹出一番經天緯地的大事業。

野心是邁向成功的第一步，現在很多人崇尚「知足常樂」的人生態度。固然，知足常樂可以作爲一種生活態度，可以讓人過得更輕鬆，但是卻絕對不可以當作人生信條。我們生活在這個世界上，就必須不斷地奮鬥，不斷地向另外一個目標前進。沒有野心的人是可悲的，不管他多麼有才華，沒有了進取的信念，就只能成爲一個庸庸碌碌的人。

動物界中捕食目標最大的是號稱獸中之王的老虎嗎？不是。是體重超過三百公斤的熊嗎？也不是。即使是獅子、老虎、獵豹這樣凶猛的野獸在捕食的時候，一般也只不過是挑那些老弱病殘或落單的獵物下手，一隻經驗豐富的成年老虎捕食麋鹿的成功率只有不到二成，而且獅虎的捕食目標多數體型都小於自己，它們依靠自己的強壯捕殺獵物。人們發現，捕食目標最大的動物，竟然是體重只有三四十公斤的狼。

「狼子野心」這個成語在大多數時候含有貶義，但是從另一個層面上卻反映出狼的捕食目標在動物當中首屈一指。單個的一匹狼往往敢於襲擊體型大於自己數倍的馬、牛等動物，成群活動的狼族群，「野心」就更大，一群四十隻左右的狼有時候竟然可以圍殺數百隻黃羊！捕食目標之大在動物界中，眞是令人嘆爲觀止！

人類也是一樣，每個人都渴望成功，但是成功的前提就是你要有成功的欲望，要有成功的「野心」，也就是要有遠大的目標。只有有了這種「野心」，才可能成就不凡的事業。野心是一份抱負，史蒂文生說：「抱負永遠是一種歡樂，是一種如房產般可靠的財產。」

在松下集團的分公司，有一位主管以脾氣暴躁著稱，但是他手下的業績卻一直是一流的，原因就在於，他在招聘新員工或者激勵下屬的時候總是說：「很多主管只希望自己的下屬做好本職工作就可以了，我不這樣要求你們，我甚至什麼也不要求你們，但是如果你們不思進取，那麼明天這裡就沒有你的位置；如果你有野心，有能力，那麼我現在坐的這個位置就是你的，甚至我給你們當下屬都可以！」

現在的企業需要穩妥踏實的員工，但是更需要有活力、有創意、有進取心的員工！一個沒有絲毫野心的人在工作當中必然是死氣沉沉的，一群沒有野心的員工組成的企業，也將是一個死氣沉沉的企業。試問哪個管理者希望自己的企業成爲一個絲毫沒有活力、沒有激情的——一群行屍走肉的模式呢！

強者都是含淚奔跑的人

——在狼的生命中，沒有什麼可以替代鍥而不捨的精神，正因為它才使狼得以生存下來。狼群的凝聚力、團隊精神成為決定它們生死存亡的因素。正因為如此，狼群很少真正受到其它動物的威脅。狼駕馭變化的能力，使它們成為地球上生命力最頑強的動物之一。

法國大文豪巴爾扎克說：

「所謂『強者』是既有意志，又能等待時機的人。」

對於素有日本猶太商人之稱的藤田田來說，他的轉機來臨於一九六七年。

這一年，藤田田得知，世界最大的漢堡連鎖店麥當勞計劃進軍日本。

他確信：「這種商品絕對會風行！」因而開始在日本國內進行交涉。

當時，他的競爭對手都是大型公司、超商、食品公司，資本雄厚。可以說，藤田田根本不具任何有利的條件。但是，相對於對手公司都是透過各種業務負責人進行交涉，藤田田的公司雖小，卻是由他這個老闆親自出馬。藤田田具有GHQ（聯合國派遣軍總司令部）的通譯資格，英語能力十分優秀。

藤田田極爲熱誠地表達自己的想法，很能引起麥當勞的老闆雷．克羅克的共鳴。於是，麥當勞公司和藤田田商店協議各出百分之五十的資金，成立麥當勞日本分店。

藤田出任店長，成立了第一家店。這時卻出現了問題……

一般而言，美國的麥當勞都設在郊外的街道旁，因此，麥當勞總部強烈希望日本的第一家店也設在郊外。但是，從事商品進口銷售多年的藤田田卻不這麼想。

「在日本，新事物的流行，開創地一定是在文化中心東京，而且最好是在銀座。」

堅持某種想法就一以貫之的藤田田並沒有從他最初交涉時的態度上退縮。最後，日本的第一家麥當勞終究在一九七三年，於東京銀座正式開幕。

交涉的對手是世界最大的連鎖店，藤田田賴以對抗的武器是他確信自己所掌握的資訊：「必須由日本的信息中心開始漢堡文化。」

正因藤田田貫徹他的理念，促使日本麥當勞的業績一路提升，成爲速食業的王牌。

並非強勢就能勝利，而是從勝利中才能變成強者。藤田田的勝利在於不去考量資金多寡的「強弱」態勢，而是一心只想求得勝利。這是他教給我們的重要一課。

狼在茫茫的草原上，在月圓之夜，一聲聲的長嘯，淒涼中帶著霸氣，那股霸氣就是狼天生的自信，那種超強的自信，指引狼族奔馳在草原上，成就了草原強者的稱號。

狼在捕獵的過程中，總是有超強的自信，因爲它們有大無畏的精神，就算失敗也不會放棄，它們的自信，讓許多弱小的動物見之就跑，但往往都跑之晚矣。狼的這種自信，就是一股強大的力量，帶領狼族笑傲草原的力量。

狼特別喜歡在森林裡生活，但無奈之下也會選擇沙漠、平地和冰原地帶。但不論生活在什麼地方，它們總是無所畏懼，不向任何強大的對手低頭。正因爲具備了這種無所畏懼的狂野個性，所以它們的腦子裡始終活躍著這樣的思想和觀念：我是狼，我怕誰！

在草業中嗖嗖飛奔的狼群，帶著最鋒利的牙齒、最凶狠的目光，向黃羊群衝去。這時已被這突如其來的攻擊嚇得跑不動的黃羊，被驚嚇得東倒西歪。大部分的黃羊被嚇得四處亂奔，還有的黃羊竟然站在原地發抖，急得伸吐舌頭、搖著尾巴，不知所措……

突然間，十幾隻大公羊返身向數量少的一些狼群包圍過去。公羊們決定拼死一搏，肩並著肩，低下頭把銳利堅硬的尖角對準狼群突刺過去，還能奔跑的其他黃羊緊隨其後。

黃羊群這一凶猛銳利的攻勢立即奏效，狼群的包圍線被撕開一個缺口。但很快領頭的公狼就找到了對策，等到黃羊群中那些還保存了速度和銳角的羊剛剛衝出了狼群，阿爾法公狼立即果斷地率狼群封住了缺口。衆狼包圍了那些沒速度、沒頭腦的傻羊。狼群一個個衝殺，失去頭羊的烏合之衆，成了狼群的腹中之物。

在狼的生存世界中，爲了生存領地，狼會勇敢地發起進攻，即使這隻動物比它們強大，它們也會毫不畏懼直至把對手咬死。對於狼而言，在這個世界上沒有一個地方能夠讓它們感到恐懼與害怕，它們不會將任何事物視作理所當然，相反地，狼傾向於親身的體驗。所以，這就是它能戰勝一切事物的原因。

李·艾柯卡曾是美國福特汽車公司的總經理，後來又成爲克萊斯勒汽車公司的總經理。作爲一個聰明人，他的座右銘是：「奮力向前——即使時運不濟，也永不絕望，哪怕天崩地裂。」

他一九八五年發表的《反敗爲勝：汽車巨人艾柯卡自傳》，成爲非小說類書籍中有史以來最暢銷的書，印數高達一百五十萬冊。

艾柯卡不光有成功的歡樂，也有挫折的懊惱。他的一生，用他自己的話來說，叫做「苦樂參半」。一九四六年秋天，21歲的艾柯卡到福特汽車公司當了一名見習工程師。但他對和機器做伴、做技術工作不感興趣。他喜歡和人打交道，想搞汽車銷售的業務。

艾柯卡靠自己的奮鬥，由一名普通的推銷員，終於當上了福特公司的總經理。但是，一九七八年7月13日，他被妒火中燒的大老板亨利·福特開除了。他當了八年的總經理、在福特工作已三十二年、一帆風順、從來沒有在別的地方工作過的艾柯卡，突然間失業了。昨天他還是英雄，今天卻成爲一顆棄卒（Forsaken Cop），人人都遠遠避開他，過去公司裡的所有朋友都拋棄了他，這是他生命中最大的打擊。

「艱苦的日子一旦來臨，除了做個深呼吸，咬緊牙關盡其所能外，實在也別無選擇。」——艾柯卡是這麼說的，最後也是這麼做的。他沒有倒下去，他接受了一個新的挑戰：應聘到瀕臨破產的克萊斯勒汽車公司出任總經理。

艾柯卡是不是瘋了？竟然去接下在當時已被送進加護病房正在觀察死亡日子的克萊斯勒……然而艾柯卡，這位在世界第二大汽車公司當了八年總經理的事業上的強者，憑他的智慧、膽識和魄力，大刀闊斧地對克萊斯勒進行了整頓、改革，並向政府求援，舌戰國會議員，取得了巨額貸款，重振企業雄風。

一九八三年8月15日，艾柯卡把一張面額高達八億一三四八萬多美元的支票，交到銀行代表手裡。至此，克萊斯勒還清了所有債務。而恰恰是五年前的這一天，亨利·福特開除了他。

如果一個人不敢接受挑戰，在巨大的打擊面前一蹶不振、偃旗息鼓，那麼他就只能在苦難面前沉淪，相反地，一個不屈服於挫折，無所畏懼，勇於接受命運挑戰的人，才有可能戰勝命運的艱辛，開創生命的另一種格局。

對於一個商人來說，如果前怕狼、後怕虎，那麼就會錯過很多機會，因爲機會總是稍縱即逝的，即使是一波轉折行情，也會因爲思想的轉不過彎，手腳慢了半拍、一拍，而使得自己失去成功的機會，從這一點來看，首先在心理上已經輸了別人，何談利潤最大化呢？有了想法不敢大膽去做，會失去很多機會，因此有了點子、有了方案，千萬不要忘了付諸行動。

自信是通往成功的一塊踏板，而自卑是一條束縛成功的繮繩，自信讓人的生活充滿光芒，而自卑只會讓你在自然界無法生存。無可否認，每個人多多少少都有一些自卑心理，適度的自卑可以起到激勵自己不斷進步的作用，但是如果過度自卑，那麼它就成了一個慢性殺手。自卑可以吞噬一個人做事的動力和信心，讓一個人從抑鬱走向頹廢，從而與成功背道而馳。

但是，無論我們是否自卑，我們都是我們自己，我們不可能因爲自卑而變成別人，我們的生命更不可能因爲自卑而貶值，只要我們能夠正確地認識自我，我們就能發現其實我們的生命一直都是保值的，我們不必因爲自身的一些不足就覺得心灰意冷而十分失落……

在處於人生低谷，不知道該往何處去的時候，給自己定一個目標，把一切的精力都投在實現這個目標上，便會忘記迷茫彷徨，忘記自卑恐懼。到達目的地再回顧的時候，你會感到慶幸，慶幸自己有勇氣給自己一個不敢想像的目標，並有勇氣堅持下來。

其實，人生路上，我們會無數次被自己的決定或碰到的逆境擊倒、欺凌甚至碾得粉身碎骨。我們覺得自己似乎一文不值。「但無論發生什麼，或將要發生什麼，在上帝的眼中，你們永遠不會喪失價值。在他看來，骯髒或潔淨，衣著齊整或不齊整，你們依然是無價之寶。」

的確，我們不會因爲境遇而貶值，更不會因爲外表的好壞而影響我們內心的東西，所以我們沒有必要因此自卑，相反地，我們應該始終保持滿滿的自信，因爲只有充滿自信，我們才能更好地發揮出我們內在的價值，才能促使我們更快地接近成功。

在大自然中，狼就是狼，狗無論如何都代替不了狼，因為狼是獨一無二的，是大自然中任何動物都無法取代的，它們有著自己的生存之道，它們不會因為狩獵失敗而垂頭喪氣，也不會因為兄弟姐妹被獵殺而苟且偷生，這些挫折不會讓它們感到自卑，反而會激發它們更強烈的鬥志，與天鬥、與地鬥、與對手鬥。

從這裡我們可以看出狼身上有著超強的自信心，它們不相信失敗，只相信不停止鬥爭就會迎來勝利。狼之所以能在這個優勝劣汰的自然界中生存，就是因為它們對未來充滿了自信。

王者與強者的區別就在於——強者只擁有強大的力量，而王者則兼具力量與智慧。

狼並不是上帝所寵愛的動物，上帝沒有賦予我們獵豹的速度、獅子的凶悍、犀牛的體魄。與自然界的各種生命相比，狼的確不是強者，但狼卻從來不以弱者自居，狼是自然界當之無愧的王者。無論面對什麼樣的敵人，狼的這種王者心態都不會改變。即使是面對比狼強大的動物甚至人類，狼也絲毫不會示弱，絕不會不戰自敗，不戰而退。

狼因其無所畏懼才能在競爭激烈的野生世界中無往不勝，其實，我們人也是如此，人生就像是一場無休無止的搏鬥，但我們只要能從無畏的精神中得到能力的充實、意志的堅強，就一定能開創一個屬於我們自己的嶄新的未來！

第三章

善於捕捉機會的人，就會交上好運

——狼道：只要有積極心態，就能戰勝一切

狼道，是挑戰困難的意志；
狼道，是捨我其誰的風格。

機會可以等，也可以用創造的

——不要再只是被動地等待別人告訴你應該做什麼，而是應該主動地去了解自己要做什麼，並且規劃它們。之後，全心全力去完成它們。

美國心理學專家威廉．詹姆斯說：

「無論你知道多少金玉良言，無論你有多好的條件，在機會降臨時，你若不具體運用，就不會有進步，自己有好的構想而不實施，人生就不會改善。」

華德．迪士尼二十多歲的時候，還是一個沒沒無聞的窮小子，四處流浪也找不到一份稱心如意的工作，只要能混一口飯吃也就心滿意足了，誰能料想到，幾年以後他會成爲全世界家喻戶曉的人物，更不用說巨大的財富和聲名，都是由一隻老鼠帶給他的呢？

那時候，華德．迪士尼在美國的堪薩斯市找工作，他的志願是要當一名藝術家，起初他到堪薩斯明星報去應聘，想在報社找個落腳的地方，報社主編審查過這位流浪漢帶來的作品後，冷冰冰地認爲缺少新思想新構思、斷定作者是一個沒有多少創造力的平庸之輩，不予錄用，這決定無疑讓迪士尼感到萬分的失望和頹喪。

後來，他終於找到一份替教堂作畫的工作，但報酬之低，僅僅勉強夠糊口之用。他當然沒有能力租用畫室，只好借用父親的車庫作爲臨時的作業場地。車庫既髒又亂，更叫人受不了的是充滿強烈的汽油味。

在這樣惡劣的環境下，怎麼能安心作畫呢？迪士尼當時最大的願望是盡快搬出這個倒楣的地方，然而偏偏因爲他實在太窮了，只得委屈自己忍受下去——這一「忍」，竟很快地就給他帶來了天文數字般的巨額財富！

眞是不可思議！

有這麼一天，當他和平常一樣正在車庫陰暗的光線下替人作畫的時候，忽然看見一隻小老鼠在地板上跳來跳去，要是在一般情況下，他也許會像其他人那樣，大腦裡第一個反應訊號，一定是將這隻老鼠打死或趕走。然而迪士尼卻沒有這樣做。此時，他心情憂鬱無心作畫，正希望能有個活躍的傢伙來陪陪。所以他一反常情，趕緊拿了些麵包屑來，一點點地撒給老鼠，不料這傢伙不僅不怕人，反而眞的去舔地上的麵包屑，這樣一回生二回熟，漸漸地小老鼠竟與迪士尼混得熟悉了，每當迪士尼在車庫作畫的時候，小老鼠一定會跑出來和他逗樂，有時還會大膽地爬上他工作的畫板上，悠然自得地跳來躍去……

這隻頑皮的小老鼠給迪士尼枯燥的生活帶來幾分歡樂，也給他留下了很深刻的印象。然而，要是僅僅如此，那也不過是生活中一個小小的插曲而已，怎麼能與改變一個人的命運、並使他獲得驚人的財富和名聲相聯繫呢？

關鍵恰恰在於，迪士尼是一個有心人。過不久，他被人介紹到好萊塢去，攝製一部以動物為主的卡通片，不幸得很，偏偏他又遇到一位狡詐的紐約電影發行商，把他辛辛苦苦好不容易製作出來的卡通片——「幸運兔奧斯華」的版權全部都騙為已有，並聲稱迪士尼不得再製作任何與兔子有關的電影。受此沈重打擊，迪士尼不僅因此而窮得身無分文，而且還再度丟了飯碗。

就在他潦倒不堪徘徊街頭的時候，有一天，他突然眼睛一亮，他想起了堪薩斯車庫那隻爬到畫版上來的小老鼠。頓時，一陣強烈的衝動立刻使他在畫紙上畫出了一隻老鼠的輪廓。於是，至今仍然深受全世界小朋友喜愛的米老鼠卡通片，就這麼平凡而又奇異地誕生了。而堪薩斯城車庫那隻死已很久的小老鼠，要是得知自己將會成為世界上最負盛名的影視明星時，真不知道在九泉之下，該有何感想！

毫無疑問，把老鼠推上動畫片的屏幕，是迪士尼大膽的創新之舉。因為在普通人心目中，老鼠總是與醜惡聯繫在一起的，在挑選動畫片的演員時，無論如何也不會想到這個「討人厭」的東西。而正因為別人都意料不到，所以當米老鼠卡通片推出來之後，才能給人耳目一新的感覺——就像當初給車庫的迪士尼帶來歡樂一樣。聰明、活潑、令人妙趣無窮的米老鼠，很快便成為世界上影迷最多的大明星，足跡所至的國家，任何電影演員也望塵莫及。

米老鼠卡通片一炮打響，徹底改變了華德·迪士尼的生活也越來越輝煌，財源滾滾。昔日那個不得不在汽油味的刺激下替人作畫的失業者，如今已成為規模龐大的迪士尼公司的創始人，擁有一百三十四位助手，以三個月完成一部米老鼠卡通片的驚人速度，滾雪球似的不斷壯大。

為創造全新的米老鼠形象，迪士尼還花費不少時間到動物園去研究動物發音，並親自為影片中的米老鼠配音。富於創造頭腦的迪士尼還在助手們的一片反對聲中，別出心裁地推出了《三隻小豬》、《大黑狼》等一系列，別開生面的卡通影片，而且都獲得了出人意料的成功，創造出不朽的藝術價值。

現實沒有為迪士尼提供轉運的良機，在無法捕捉到任何現成機遇的情況下，華德·迪士尼改變命運的祕訣是——自己創造機會。

對自己周圍的世界，狼一直都充滿著好奇，它們豎起靈敏的耳朵，傾聽自然界發出的每一種聲音，它們炯炯有神的眼睛總透露出躍躍欲試的鋒芒。它們對世界的好奇為它們帶來了無窮的機遇，也帶來了無盡的挑戰。

狼的好奇讓它們對神秘的自然界充滿了嚮往，總是不自覺地去探索。好奇創造機遇。和狼一樣，人類的許多成功在開始時也僅僅是因爲好奇。好奇心就是創造力的啓蒙之師。

大千世界，可謂無奇不有，只要你有一顆好奇心，你就可能隨時有各種新穎奇特的發現。

有一天早上，愛爾蘭化學家波以耳正要像往常一樣到他的實驗室去巡視，一位花匠走進他的書房，在屋的角落擺下一籃美麗的深紫色紫羅蘭。波以耳隨手拿起一束紫羅蘭，它那豔麗的色彩和撲鼻的芬芳使人感到心曠神怡。他一邊觀賞著、一邊向實驗室走去。

「威廉，有什麼新情況嗎？」波以耳問一個年輕的助手。

「昨天晚上運來了兩大瓶鹽酸。」

「我想看看這種酸，請從燒瓶裡倒出一點來。」

波以耳隨手把紫羅蘭放在了旁邊的桌子上，去幫助威廉倒鹽酸。鹽酸揮發出刺鼻的氣體，像白煙一樣從瓶口湧出，倒進燒瓶裡的淡黃色液體也在不斷地冒著白煙。

「威廉，這鹽酸很好。」波以耳高興地說，他從桌上拿起那束花，要回書房去。這時，他突然發現紫羅蘭上冒出輕煙。原來鹽酸的飛沫濺到花朵上了。他趕緊把花放進水盆中清洗。令人奇怪的是，紫羅蘭的顏色由紫色變成了紅色。

這個偶然的奇怪現象引起了波以耳的興趣，他決定弄個清楚。他走回書房，把那個盛滿鮮花的籃子拿到實驗室，對威廉說：「取幾只杯子，每種酸都倒一點，再拿些水來。」

按照波以耳的吩咐，年輕的助手一個杯子倒進一種酸，再往每個杯子裡放進一朵花。波以耳坐在椅子上觀察著。深紫色的花朵逐漸變色了，先是帶點淡紅，最後變成了完完全全的紅色。

「威廉，看清了嗎？不僅是鹽酸，其他各種酸，都能使紫羅蘭由紫變紅。」波以耳興奮地說：「這可太重要了！要判別一種溶液是不是酸，只要把紫羅蘭的花瓣放進溶液就知道了。」

「紫羅蘭不是一年四季都開花的！」威廉帶著惋惜的口氣說。

「你學會動腦筋了。爲了方便鑑別溶液的酸性和鹼性，我們該做些什麼呢？」波以耳向這個助手提出了新的問題。

很快，他們就研制出一種用石蕊浸泡過的指示紙，很方便地就能分辨出什麼是酸什麼是鹼。這個發現對化學研究工作具有非常重要的意義。

美國華裔科學家朱棣文是一九九七年度的諾貝爾物理學獎得主，他認爲科學家要對自己從事的事情眞正的喜歡，要有興奮感。他在選擇學生時要注重考察其對研究項目有沒有巨大的興趣：「當你對事業有好奇心時，所有的熱情、執著就會自然地被激發出來。」

「科研生活是很讓人著迷的，」朱棣文說，「在一個成功的團隊裡，你會與最優秀的人近距離接觸，了解他們是怎樣思考的，關心哪些問題，這些都會對你取得成功有很大幫助。」

好奇心讓科學家們有了更多的發現，在科學界中，由於好奇心而取得成功的事例可謂是多得數不勝數。

好奇心改寫人類的歷史

——路是腳踏出來的，歷史是人寫出來的。

偉大的物理學者愛因斯坦說：

「我沒有特別的才能，只有強烈的好奇心。永遠保有好奇心的人，是永遠會走向進步的人。」

幼狼剛一出生便會用好奇的目光打量這個陌生的世界，從周圍的環境和父母身上學會生存的本領，隨之茁壯成長，繁衍生息。它們好奇的本性使得它們不斷發現大自然中的精彩和奇妙。

在現實社會中，很多人的角色定位也和狼極爲相似。有的人不安於現狀，對任何事物都充滿好奇，在追求成功的道路上，視角敏銳，抓住機遇，行動迅捷，面對挫折，永不服輸，就像狼一樣，無論面對什麼樣的艱難困苦，都能在絕望中尋找到一線生機，從而絕地反擊，轉敗爲勝，這種人就是生活中的強者。

小時候，我們對這個世界充滿了好奇，然而，隨著年齡的增長，我們對世界有了新的認識，新的看法，知識也增長了。這時候，可能會覺得自己什麼都懂了、會了，對周圍的環境太熟悉，太了解了，我們的好奇心也就慢慢地失去了。可能我們會這樣想：天底下果然沒有新鮮事，這個世界也不過是如此，沒有什麼新奇的。

你的這種想法似乎是對的，從地球的表面看來，我們好像也沒有什麼值得再探討、再研究了。但是，如果我們能想一想爲什麼牛頓看到蘋果掉到地上，他就會發現地球引力，而其他人看到蘋果掉在地上，卻認爲是一件司空見慣的事，你也許就會從中有所領悟。

其實，只要我們去深入地思考、觀察，帶著好奇心去看世界上的每個東西，你會發現，這個世界你是永遠無法完全了解的，你也就會有更多的發現。

世界包羅萬象，可以說是無奇不有，無怪不存。好奇探怪，是人們認識和對待事物的一種態度，也是人們對自己不了解的、覺得新奇和感興趣的事物的一種探索方式。

偉大的天文學家哥白尼在上中學的時候，聽說可以用太陽的影子來確定時間，這個儀器的名字叫日晷儀。他很好奇，就向老師了解日晷儀的原理，回家後找了些廢舊材料，很快就做出了一個日晷儀。他利用自己做的日晷儀，研究太陽和地球的運動規律。因為對天文的極大興趣和好奇，長大以後，哥白尼提出了著名的《天體運行論》的「日心說」（即地球與其他星球是繞著太陽轉動），推翻了過去一直認為地球是世界中心，是太陽繞地球轉的「地心說」，這是世界天文史上的一大貢獻。

一位年輕人乘火車去基地。火車行駛在一片荒無人煙的山野之中，人們一個個百無聊賴地望著窗外。前面一個拐彎處，火車減速，一座簡陋的平房緩緩地進入他的視野。也就在這時，幾乎所有乘客都睜大眼睛「欣賞」起寂寞旅途中特別的風景。有的乘客開始竊竊議論起這座房子。

年輕人的心為之一動。返回時，他中途下了車，費了一番工夫，找到了那座房子。主人告訴他，每天火車都要從門前「隆隆」駛過，噪音實在使他們受不了，房主早想以低價賣掉房屋，但多年來一直無人問津。不久之後，年輕人用三萬元買下了那座平房，他覺得這座房子正好處在轉彎處，火車一經過這裡時都會減速，疲憊的乘客一看到這座房子精神就會為之一振，用來做廣告是再好不過的了。很快，他開始和一些大公司聯繫，推荐房屋正面是面極好的「廣告牆」。

後來，可口可樂公司看中了這個廣告媒體，在三年租期內，支付年輕人十八萬美元租金。這就是創新的能力，跳出慣有的思維習慣，想別人所不想，幹別人所不幹的。這個世界上，創新的思考力就是成功力。

創新能力是一個人動態而實用的能力。更因爲他們處在現代科技知識的前沿，十分敏感地體會到當今知識更新的速度，於是總是不斷地學習，不斷地創造。

我們在學習、工作的時候，爲什麼有時走進死胡同裡出不來？究其根本，是我們一味固守傳統，不求創新。現實中敢於懷疑，不斷創新，打破平時看問題的習慣，以逆向思維和發散思維來思考問題，往往事半功倍，取得意想不到的效果。

從本質意義上說，創新的含義是指在人類物質文明、精神文明的一切領域、一切層面上。能先於他人，見人之所未見，思人之所未思，行人之所未行，從而獲得人類社會的新發展、開創歷史的新頁。

那麼，如果你是一個管理者，你應如何營造新環境，激發員工的創新精神呢？

（一）依據工作目標提出階段性成果——管理者應制定合理的、具有挑戰性的目標，並設定出一個時間表，提出階段性的成果。這樣能使組織務實而創新，並激發雇員的潛力。

（二）鼓勵員工冒險——創新必定會有風險成本，管理者應該允許下屬犯錯誤，使他們能從失敗中汲取經驗教訓來重新進行實驗與革新。當然，不能盲目地冒險。在任何一個計劃實施之前都要充分評估，準備多種變通之道與替代方案，將成本控制在合理的範圍內，使創新達到預期的目的。

（三）為員工提供富有挑戰性的工作——研究發現，挑戰性的工作能夠激發員工潛在的創造性才能。雇員進入一個組織以後，承擔的工作越富有挑戰性，他們的工作也就越有效率、越成功，並且這種狀況會持續存在下去。如英特爾公司，就會直接授予員工較高的位置，促使他們以更快的速度學習，並達到目標。

（四）營造一個開放的環境——創造一種相互信任與充滿信心的氣氛，讓所有的建議或疑問，都能在眞正開放環境裡得到徹底討論。另外還應以實際行動表明：上層管理部門重視雇員提供的信息，並願意據此採取行動。這樣能使雇員自覺把對自己的職業規劃與組織的發展聯繫起來，自願參與組織的計劃，並積極提供富有建設性的設想。

（五）強調良好的組織紀律——對富有創造性特點人才的缺點，要以民主的管理風格，積極引導他們。任何時候，良好的組織紀律都是發揮創造性才能的基礎。

這個時代是競爭的時代，你看到的問題別人也會看到，競爭必然十分激烈。在各方面條件不如別人時，如果沒有創新的研究思想和獨到的研究方案是不可能超越他人得到成功的。工作中的創新思想出於日常積累，只有勤奮努力、不斷積累優秀的工作成果，才可能從中產生眞正的、別人無法剽竊的創新思想，才有可能在重大問題上取得突破。

不識廬山真面目，只能錯失良機

——如果我是一隻羊，我想吃的就不僅僅是草。現在草場越來越少，我該怎麼辦？那我會把我的牙齒磨尖，去尋找生肉，而不是等著被餓死。為了生存，我要學會適應這個多變的世界。

有句經典名言，誰說的，已無從考究了——

「世界上唯一不變的，就是變！」

狼有著靈敏的嗅覺和銳利的眼神，狼能憑借嗅覺和視覺，並依循足跡等線索尋找獵物，如果狼發現獵物所處的形勢很有利，就會盡可能悄悄地接近獵物。一旦被狼相中的獵物逃跑時，狼會隨後緊追，如果沒有辦法立即很快追獲，便會很快打消念頭，立即放棄眼前的獵物，轉而尋找其他的獵物。因爲，狼寧可選擇長期等待而換取長遠的勝利，也不願以生命換取眼前的小利。當狼很快靠近獵物的時候，會咬住獵物後腿踢不到的位置，像肩部、臀部、頸部等。狼爲達到目標所使用的策略是變化萬千的，這就是狼性的多變，是它們智慧的生存法則，狼也正是憑借這種高明的策略，而一次次地捕獲進入它們視野中的獵物。

狼性的多變，使得狼能一次次地捕獲獵物；而作爲一個企業，也只有在多變的市場中學會不斷地變化，才能不斷地前進。俗話說：「適者生存」就是這個道理。

牧民與狼的鬥爭自古以來就從未停止，不管牧場防守得多麼嚴密，狼群總是能找到那稍縱即逝的機會，偷襲成功。野外捕獵也是如此，機警如兔子、靈活如山羊、嚴密如野馬，不管什麼樣的獵物，只要被狼盯上了，那麼最後狼總能把握機會，捕獵成功。

人生也是如此，我們並不把機會列爲成功的必要條件，但是機會卻是打開成功之門的一把金鑰匙。它可以把我們與成功之間的距離一下子就拉近了。

機遇眞是一種很奇妙的東西。它就像一個小偷一樣，來的時候沒有蹤影，然而走的時候卻會讓你損失慘重，只有認眞仔細的人才能夠發現它。是的，只有抓住機遇，才能有機會改變我們的人生，使自己有一個更光明的未來。

同時，機遇對每個人是公平的，有些人抓住了，有些人抓不住；有些人發現了，有些人茫然無知；有些人在不斷創造機會，有些人在苦苦等待機會。

當然，機遇是可以創造的。在經過一段艱苦卓絕的奮鬥後，良機便會赫然出現，這也是能力到了一定的積累後質的飛躍。機遇不喜歡懶漢，也不欣賞投機者，機遇總伴隨著勤奮努力的人、不斷開拓的人、持之以恒人、加求創新的人。所以，讓我們做一個機遇的創造者，並抓住機遇，扼住自己命運的喉嚨，開創屬於自己的人生！

機會出現的概率固然不多，但是把握機會則更是難上加難，最可悲的是，很多人當機會到來的時候卻茫然不覺，這樣的人才是可悲的。

一場大雨過後，洪水沖向了一座城市，人們紛紛逃離到安全的地方。這時候，一個人發現教堂裡一位神父正在祈禱。於是，衝進去對他說：「神父，洪水馬上就要來了，快點跟我們一起到安全的地方去吧。」

神父搖了搖頭，說：「不必了，我從出生開始就虔誠地信仰上帝，我相信上帝一定會派使者來救我的！」那個人搖搖頭，自己逃走了。

終於，洪水進入了市區，教堂裡也開始進水，很快就淹到了神父的腰，神父只好爬在窗戶的欄杆上。這時候一個救生員駕著小艇過來了，他焦急地對神父說：「神父，快！快上來！不然洪水會把你淹死的！」

神父還是堅持說：「不用了，上帝一定會派使者來救我的！」

洪水越漲越高，神父只好爬到了房頂上，這時候，一個警察開著氣墊船過來對神父說：「神父！快！快上來！不然洪水會把你淹死的！」

神父依然堅持：「不！我要守著我的殿堂！我深信上帝會來救我的！」

又過了一會兒，洪水已經把教堂淹沒了，神父只好抓著教堂頂端的十字架。一架直升機緩緩飛過來，丟下繩梯之後，飛行員大叫：「神父！快！快上來！不然洪水會把你淹死的！」

儘管已經面色蒼白，瑟瑟發抖，神父還是意志很堅定地說：「不！我深信上帝會來救我的！」最後，洪水終於完全漫過了教堂，神父被淹死了。……

神父上了天堂後，看見了上帝就很生氣地問：「您是怎麼搞的呀？我信奉了您一輩子，您竟然見死不救，這樣您的子民還會相信您嗎？」

上帝也生氣地說：「你到底想怎麼樣嘛？我一開始就派了個人警告你，後來又派了兩艘小艇和一架直升機去救你了，難道你老兄非要航空母艦才肯坐啊！」

只因爲神父堅信上帝會拯救他，而錯過了一次又一次的生存機會，但是實際上那些救他的人就是上帝派的，只不過使用的方式和他想像的有些不一樣而已。

現實生活中也是如此，很多時候我們抱怨機會爲什麼總是不眷顧我們，實際上往往是因爲機會以一種我們未曾料到的方式從我們身邊溜走了而已。

有時候，即使是碰到了機會，我們也不一定能夠把握住，很多人喜歡把機會比做魚，有時候魚太大，即使你碰到了，也不一定能抓住。

傳說雞和鷹的祖先是親兄弟，它們生下來的時候都有一樣很漂亮的翅膀。開始它們都很努力地學習飛翔，結果幾天下來雞的祖先放棄了，它發現陸地上就有很多吃的，沒有必要受罪練習飛翔，時間長了，它的翅膀就慢慢地退化到現在的樣子。而鷹的祖先則以飛爲樂，食、眠之餘，振翅不倦，最後練就了一對強勁有力的翅膀，實現了它搏擊長空的夢想。

每一個人生下來都有千里馬的潛質，但是需要在成長過程中慢慢地磨煉、培養、挖掘；才能成長爲一匹眞正的千里馬。而另一些不願意吃苦、沒有毅力、不願超越自我的，就成了扼殺自己潛質的「駑馬」。

不要怨自己的工作平淡無味，不要怨你的上司不賞識你，不要怨你的同事不認可你，因爲你還沒有足夠的業績和能力，因爲你的努力還不夠。那些還沒有做多少工作就開始抱怨工作的人，永遠不可能實現他們的理想，因爲態度決定一切。

著名的成功學家拿破崙．希爾在美國各地高中學校的研討會及畢業典禮上演講時，總喜歡把學校外面的一些真實情況告訴學生，並向他們說，我們不會在將來被「熔毀」或被「炸成灰燼」，結果下面的年輕人——這些將成爲明日社會主體的年輕一代，往往並不相信他所說的話。

拿破崙．希爾告訴他們：「你們是我們歷史上最幸運的人，因爲你們生活在一個飛速飛展的年代、一個充滿了變化與機會的年代，你們一年之內看到的變化，比你們的祖父一生所看到的還要多。所謂的『美好的古老時光』，事實上並不像大家所說的那般美好。」

當學生們聽到拿破崙．希爾這些話時，眼睛瞪得像銅鈴那般大，似乎他講的是《天方夜譚》中的故事，根本就不相信他的話。

拿破崙．希爾告訴他們：「在以前那些的古老日子裡，我們總是用一個非常大的木桶洗澡，用的是在燒炭或燒煤的爐子上加熱的熱水。在那些『古老的美好日子』裡，我們洗澡的水就是在我們之前洗澡的人所留下來的同一桶熱水。如果在你前面洗澡的是你的叔叔，而且——命運很會捉弄人的——他是一位養豬的人，那麼，你的衣領不會留下一圈污垢，反而是你的身體會留下一身污垢，愈洗愈髒。」

「在那些『美好的古老的歲月』裡，流行小兒麻痹、白喉以及猩紅熱等可怕的疾病。那時候的人從來就不曾聽過沙克疫苗這種東西。在40年代以及50年代初期，在酷熱的夏季裡，我們竟然不敢到社區游泳池游泳，或是去電影院，因為我們擔心會感染小兒麻痹症，以致半身不遂、殘廢，甚至死亡。」

當拿破崙·希爾這樣告訴這些年輕人時，他們甚至不明白他究竟在說些什麼。他們也從未聽說過，在大戰期間實行配給制度，必須在汽車擋風玻璃上貼上A、B或C的貼紙，憑這些紙條在每個月內購買幾加崙的汽油。

拿破崙·希爾向他們出示一八五七年11年13日《波士頓環球報》的頭條新聞標題，結果他們都看傻了：「能源危機如火如荼。」下面的小標題則寫著：「全世界將陷入黑暗？鯨油短缺。」同時向這些美國高中孩子描述了一個典型的美國家庭在當年那個陰沉、冰冷的11月早晨，一眼看到這個頭條標題時的反應情景——

「嗨，瑪麗，」那位男士可能會這樣向他的妻子大叫，「你看到報紙了嗎？我們已經遭遇了有史以來最嚴重的能源危機。」

下面聽講的這些孩子開始了解，人們總是習慣於強調這個世界的黑暗面。從他們的父母、老師以及朋友們的抱怨來看，彷彿這個世界愈來愈糟了。

他們問拿破崙．希爾有關核子毀滅以及核能發電廠的問題。拿破崙．希爾十分誠實地加以回答。日本十分依靠核能發電，蘇聯所需的電力將近60％來自核能發電廠。拿破崙．希爾本人則盼望這個世界能趕快進入鐳射融合時代，因為目前的核子分裂發電比較危險。拿破崙．希爾同時也相信，著名新聞播報員保羅．哈維對能源的看法是正確。他說：「如果使用電力的第一種產品是電椅，那麼，我們今天甚至不敢插上我們的烤麵包機插頭。」我們回頭到歷史中尋找時，可以得知最壞的時代，也能發現最美好的事物。這完全要看我們所要尋找的是什麼。

也許我們不能馬上領會——成功的秘訣就是：相信現在擁有的，相信自己，抓住現在，不要沉湎於過去。每個年代的人都會哀嘆他們那一代生活在歷史上最困苦的環境下，他們總是抱怨這個殘酷的世界，並且把頭像駝鳥一樣不自信地埋在沙中，他們對於需要自己解決的問題，總是沒有把握，總是缺乏自信。他們可以把問題歸咎於長輩或政府，然後大玩美國現在最流行的新遊戲——「捉迷藏」。在這種遊戲中，每個人都要拼命奔跑並且躲藏起來，被捉到的人只好當倒楣的「鬼」，然後再找另一個人來代替他。

拿破崙．希爾在對年輕朋友發表演講，或者在研討會上，總要對這些明天的中堅人物說：「所謂『美好的古老時光』就是今天，因爲這才是我們生活的日子，也是我們在歷史上唯一生存的一段時間。這是屬於我們的時代。我不曾向你們描繪美好的一面，也不曾向你們訴說悲慘的一面。我不會向你們灌輸過度的樂觀思想，只是要告訴你們生活中的變化是無法避免的，你們所需要做的就是自信地承擔、勇敢地面對，改變你們所能改變的。」

如果你不走出去，機會只會經過家門口

——機會不會在嘆息中重現，而只會在不自信的人手中失去，要想成功就要自信地抓住機會，相信把握未來就在今天，只有這樣，才不會讓機會溜走。

美國邊際主義經濟學家約翰．克拉克說：

「愚蠢的行動，能使人陷於貧困；配合時機的行動，卻能令人致富。」

在某一次戰鬥結束後，亞歷山大大帝讓部隊進行短暫的休整，有人問他，是否等待機會來臨，再去進攻另一個城市。亞歷山大聽了這話，嗤之以鼻地回答：「機會？機會是要我們自己去創造的啊！」

海底有一種魚，它們總是在岩石後面張開大嘴，等著那些小魚小蝦送上門來，這種生活方式雖然可以勉強生存下去，但是它們卻長期處於一種飢餓狀態。一般的食肉動物，像老虎、獅子，都有自己的領地，它們平常就在領地內活動，一直到老死，也很少離開領地一步。但是狼卻不然，它們是草原上的「游牧民族」，雖然狼也有相對固定的活動範圍，但是一旦出現食物緊缺，它們就會四處出擊，尋找新的捕獵食物的機會。

對於機會，那些總是把握不到機會的人常常抱怨：「引導牛頓發現地球引力的那個著名蘋果爲什麼不是掉在我的頭上？那只藏著珍珠的巨貝爲什麼偏偏就產在菲律賓巴拉望島，而不是在我常去游泳的海灣？拿破崙偏能碰上約瑟芬，而我爲什麼總沒有人垂青？」

我們不妨想像一下，這一切上帝都來幫你實現了：上帝在你必經的路上不偏不倚地掉下一個蘋果，你是像牛頓一樣思考蘋果掉落的原因，還是把它拾起來吃了？上帝把一塊巨大的珍珠放在你經過的路上，並將你絆倒，你是低頭去發現它，還是怒氣沖天地將它一腳踢到陰溝裡？最後上帝乾脆在你身上重現拿破崙的經歷，像對待他一樣，先將你抓進監獄，再撤掉將軍官職，趕出軍隊，然後將你身無分文地抛到塞納河邊。就在上帝催促約瑟芬駕著馬車匆匆趕到河邊時，遠遠地聽到「噗通」一聲，你投河自盡了。

不同的人，在相同的事件面前所看到的東西是不一樣的，同樣的事情，對某些人可能是災難，而對某些人卻是難得的機會。

要想獲得食物，就必須一直尋找，只有這樣，才有機會。不要氣餒，就算找不到肥羊，至少能找到一隻兔子。

戴芙妮的專業在這個行業裡並不占什麼優勢，長相一般，能力也並不出類拔萃，但她進入公司後短短的兩年時間裡，在每一個部門都做得有聲有色，每一次調動都令人刮目相看。關於她的崛起，有各色各樣的版本，一言以蔽之，大家覺得是好運氣眷顧了她，給了她得天獨厚的機會，否則他憑什麼從行政部到市場部，又到銷售部，一路綠燈、一路凱歌呢？

只有戴芙妮自己清楚，機會是怎麼得來的。

進這家大公司的時候，專業優勢不明顯的她先被分到行政部，做一個並不起眼的小員工。那個部門，能言善道、八面玲瓏的女孩子和深諳權術、勢利平庸的男人層出不窮。她不惹是非，只是恪盡職守。不過偶爾表現一下，比如發現了別人輸錯了數據，她悄悄地就修正了，並不大肆渲染；上司讓她做什麼，她就竭盡所能，總是在第一時間做到讓人無可挑剔。別人扎堆抱怨工作百無聊賴、老板苛刻、地鐵太擠時，她在悄悄熟悉公司的部門、產品以及主要客戶的情況。

有一次市場部經理偶爾經過她的辦公室，看到她處理一件小事情時表現出的得體和分寸感，就打報告要求她去頂他們部門的一個空缺。

市場部令戴芙妮的世界聚然廣闊起來。同原先一樣，她的特色就是默默地努力。半年後，她的幾份扎實的調查分析報告，爲她贏得了一片喝彩。一年後，她已經是市場部公認的舉足輕重的人物了，看到她在會議上氣定神閒、無懈可擊的發言，原來行政部的同事大跌眼鏡。

關於機會，戴芙妮最有感觸：機會來的時候，並不會同你打招呼，告訴你——我來了，千萬不要錯過我啊。不疏忽平時的每一個點滴，做好每一件不起眼的小事，就是在爲自己創造最佳的機會。機會肯定不是等來的，你有心，它無聲，你眞正準備好了，它就眞的來了。

說白了，機會就好像是「燙手的山芋」，對於有能力、有膽量的人，就可以成功把握住，但是對於那些不善於發現並且不懂得提高自己的人，當他們面對機會的時候，要麼是視而不見，要麼是無從下手。機會的把握能力和個人心理素質、工作能力、適應力、學識等等都是分不開的。

在這個知識與科技發展一日千里的時代，隨著知識、技能的折舊越來越快，不通過學習、培訓進行技能更新，適應性自然會越來越差，而老板又時刻把目光盯向那些掌握新技能、能爲公司提高競爭力的人。只有不斷地學習，不斷地充實自己，不斷地追求成長，才能使自己在工作中始終立於不敗之地。

機會不會主動地找到你，你必須不斷而又醒目地亮出你自己，吸引別人的關注，才有可能尋找到機會。但是第一步必須讓人發現你，進而賞識和信任你。因此你必預勇於嘗試，一次次地去叩響機會的大門，總有扇門會爲你打開的。

美國第十八任副總統亨利·威爾遜出生在一個貧苦的家庭，當他還在搖籃裡牙牙學語的時候，貧窮就已經威脅到了他的基本生存。威爾遜10歲的時候就離開了家，在外面當了十一年的學徒工，每年只能接受一個月的學校教育。

在經過十一年的艱辛工作之後，他終於得到了一頭牛和六隻綿羊作爲報酬。他把它們換成了84個美元。他知道錢來得艱難，所以絕不浪費，他從來沒有在娛樂上花過一個兒子，每個銅板都是經過精心算計的。

在他21歲之前，他已經設法讀了上千本好書。這對於一個農場裡的孩子來說，是多麼艱巨的任務啊！在離開農場之後，他徒步到一百英里之外的馬薩諸塞州的內蒂克去學習皮匠手藝。他風塵僕僕地經過了波士頓，在那裡他可以看見邦克希爾紀念碑和其他歷史名勝。整個旅行他只花費了1美元6美分。在他度過了21歲生日後的第一個月，就帶著一隊人馬進入了人跡罕至的大森林，在那裡採伐圓木。威爾遜每天都是在天際的第一抹曙光出現之前起床，然後就一直辛勤地工作到星星出來爲止。在一個月夜以繼日地辛勞努力之後，他獲得了6美元的報酬。

在這樣的窮途困境中，威爾遜先生下定決心，不讓任何一個發展自我、提升自我的機會溜走。很少有人能像他一樣深刻地理解閒暇時光的價値。他像抓住黃金一樣緊緊地抓住了零星的時間，不讓一分一秒無所作爲地從指縫間白白溜走。十二年之後，他在政界脫穎而出，進入了國會，開始了他的政治生涯。

什麼是機會？機會不僅僅是自動撞上樹樁的兔子，當然，我們承認世界上有天上掉餡餅的事情存在，但是這樣的機會畢竟微乎其微。機會是時間，是知識、是勇氣，甚至是失敗和痛苦。機會的本質在於不斷進取，一個沒有進取心的人永遠不會得到成功的機會。

英國哲學家培根說：「善於識別與把握時機是極爲重要的。在一切大事業上，人在開始做事之前要像千里眼那樣觀察時機，而在進行時要像千手神祇那樣抓住時機。」

等待就是為了守住希望。

——今天很殘酷，明天很美妙，但有些人並不一定會等到明天。所以，每個人都不要放棄今天，只要心中有希望，我們就會有機遇！

《相對論》的科學家愛因斯坦說：

「每個人都是天才，但如果你用爬樹的能力去評斷一條魚，它將終其一生覺得自己是一個笨蛋。」

狼知道，只有擁有深刻的思想和不凡的智慧，處世才能得心應手；否則就會成爲沒有自己思想而盲目勞作、盲目順從的奴僕。可以說，狼是動物中擁有極高智慧的動物，它們是典型的「靠頭腦吃飯的人」。狼之所以成爲狼，擁有智慧是至關重要的。

狼的處世哲學，帶給人類許多有益的啓迪。狼是最凶猛的動物之一，同時也是最富有智慧的動物之一。狼是如此地有「心計」：它不會在自己弱小時攻擊比自己強大的東西，但一旦時機成熟，它便會躍然而起，而且不達目的誓不罷休；它知道如何用最小的代價換取最大的回報——狼在追捕兔子的時候，能知道兔子第七步跳的位置，所以就撲向那裡「守株待兔」，往往能捕到兔子；它會在小狼有獨立能力的時候堅決離開它，因爲狼知道，如果當不成狼，就只能當羊了。

上帝賜給每個人的機遇都一樣，但正像美麗的玫瑰花帶刺一樣，機遇也伴隨著風險。只有敢於冒險，才能叩開機遇的大門。

當你跨出冒險的第一步時，機遇女神就開始向你招手了。

人生的河流中充滿暗礁、險灘、潛流，只有敢於冒險，蹚過這些航道上的障礙，才能順利到達成功的彼岸。關鍵時刻冒險，迅速作出決定，才能抓住機遇，贏得人生。

生物學家們經常通過研究動物的行爲來幫助人們更好地了解這個世界，他們在觀察狼的捕獵時發現了一個十分有趣的事情。

在面對一個和自身族群相較勢均力敵的獵物群體時，狼會採取一種十分聰明的策略，它們會跟著這個群體，時不時地進行一些試探性的偷襲，但是絕不會強行進攻，而是像跗骨之蛆一樣地纏著它們。當這個群族的成員心驚膽顫，連吃草、交流等行動都要防備狼的襲擊時，狼群的成員則在悠閒地享受著陽光，互相耳鬢廝磨的交流，看起來一點壓力也沒有，目前它們所做的唯一一件事就是跟著這個族群。

又過了幾天後，獵物族群中有許多已經難以承受這種壓力了，一些會產生疾病，一些會喪失理智來挑釁狼，還有一些會渾渾噩噩，令這個族群的防守陣型大爲鬆散，族群中的弱者也不再受到保護。這個時候就是狼捕獵的時機了，所謂的狼入羊群就是指的這種狀態，根本沒有反抗，除了那些特別強壯的和一些運氣好的，許多獵物都難逃狼的魔爪。

掌握戰爭的主動權就像兩人較量武功，一般武功不高的一方往往沉不住氣，上來就會發動看似猛烈的進攻，將所有本領全使出來，造成後勁乏力，而武功高強的一方則是穩如泰山，見招拆招，等到對方精疲力竭了，再將他輕鬆地制伏。例如《水滸傳》中有一段關於洪教頭的描寫，他在家想要和林沖交手，咄咄逼人，並且口中也是不停地羞辱林沖，結果卻是退讓的林沖看出洪教頭的破綻，只用了簡單的一招就把他踢倒在地。這就說明爲了令敵方處於困難局面，不一定要先發制人。關鍵在於掌握主動權，待機而動，穩如泰山，以不變應萬變，以靜制動，積極主動地調動敵人，讓敵人疲於奔命，創造出戰機，不要令對方控制自身的方向，而要努力牽著敵人的鼻子走。所以，以逸待勞的「待」並不是消極被動的等待，而是占據主動後的沉著。

秦國名將王翦就非常擅長以逸待勞的戰略。在戰國末期，秦國爲了平定天下，四處征討，其中少年將軍李信年輕有爲，並且意氣風發，非常受秦王的賞識。秦王命他率20萬軍隊攻打楚國，並沒有任用他認爲有些「膽小」的王翦。

戰役的初期，秦軍連戰連捷，銳不可擋，便產生了焦躁輕敵的情緒，不久，戰局急轉直下，李信中了楚將伏兵之計，秦軍損失數萬，李信本人也險些被俘虜，非常狼狽地逃回了秦國。無奈之下，秦王又起用了已告老還鄉的王翦，並且對沒有任用他爲將領表示了歉意。王翦率領60萬軍隊，在楚國邊境擺開陣勢。楚軍也派出項燕率領重兵迎戰。這時楚軍剛剛獲得大勝，士氣高漲，而秦國老將王翦卻毫無進攻之意，只是專心修築城池，每天和士兵做遊戲，擺出一派堅壁固守的姿態。楚軍面對著秦國的大軍，想憑借高漲的士氣一鼓作氣擊退秦軍，但是王翦就是堅守不出，兩個國家相持了將近一年的時間。

在這期間，王翦在軍中鼓勵將士養精蓄銳，吃飽喝足，休養生息。秦軍將士經過這麼長時間的修整，人人身強體壯，精力充沛，鬥志高昂，只求和楚國的軍隊一戰。王翦覺得此時時機已到，便開始對楚軍發動進攻，而這時楚軍繃緊的弦早已鬆懈，將士已無鬥志，認爲秦軍的確採取的是防守自保的戰略，既然無法攻克秦軍的壁壘，還不如回國休養，於是項燕決定引兵東撤。王翦下令對正在撤退的楚軍進行追擊。秦軍將士通過長期的休養，人人如猛虎下山，楚軍難以抵擋，潰不成軍。秦軍乘勝追擊，勢不可擋，連楚國名將項燕也命喪此次戰役中，公元前二二三年，秦國滅亡了楚國。

「以逸待勞」在現代商戰過程中是人人都必須掌握的一種計策，利用此計的經營者要有良好的心理承受能力，在和對手進行鬥智鬥勇的過程中，要學會等待機會，抵擋往來自各個方面的誘惑和勸說，使自己始終保持著良好的狀態，才能獲得自身追求的終極目標。在生意場中，那些看起來甘願屈服的妥協並不是最終目的，而是以退步贏得喘息之機，休息靜思，努力發展，爭取在這段時間內獲得解決問題的對策。因爲，必須的退步是爲了換來更大的利益，萬不可在經營不利的情況下，憑意氣之爭，與對手硬碰硬，而是應該靜下心來，以逸待勞，將所有能夠爭取到的有利條件集中在自己這方，在進行競爭時來反敗爲勝。

除了應用在商業領域，以逸待勞的策略在生活中也可經常應用。「以逸待勞」是養精蓄銳，等敵人勞師動衆、疲於奔命、達到彼竭我盈的狀態時，抓住時機打敗敵人。

因此，在面對看似艱難的歷程時，除了要有像狼一樣的沉著和冷靜之外，還要做到知己知彼，綜合地對所面對的問題進行考量。使用以逸待勞這種策略的時候，務必要沉著冷靜，把自己和對方所處的環境、對方的意圖，以及彼此間的實力差距清楚地估算出來，對事情的變化要敏銳地察覺並且作出相應的反應，時機未成熟時要穩如泰山，機會降臨時要雷厲風行，不給對手喘息之機，用尖牙和利爪將對方一擊致命。

在狼美麗的眼睛裡有你所想像不到的最撼人心的東西，那就是希望之光，無論它們身處何種境地，這種耀眼的光芒都不會消失。狼的一生都在朝著高處攀登，它們常保持著高昂的激情，始終都會以充滿希望的心態，面對各種挑戰。狼眼中的這種希望之光，不得不令我們掩卷沉思、肅然起敬。

很多偉人之所以偉大，就是因爲他們與別人共處逆境的時候，沒有縮手縮腳，而是決心實現自己的目標。他們有了想法的時候，就會大膽地去實現，因爲他們相信，天無絕人之路，人生中的任何絕境都會有回旋的餘地，只要你在絕境中不絕望，只要自己再給自己一次機會，只要你對自己充滿信心，就會突破困境、走出絕境。

有一天，有一頭驢子不小心掉進了一口枯井裡，剛掉到井裡時，它驚慌不已，哀憐地叫喊求救，希望主人能把它救出去。

驢子的主人聽到呼叫，就找來了很多鄰居一起想要怎麼將它救出，可是井太深了，大家確實想不出什麼辦法來搭救驢子。最後，大家無奈地想，反正驢子已經老了，幹不了什麼重活，不救也罷，況且這口枯井遲早要被填上的，否則以後還會有人掉進去。於是，人們就拿起鏟子開始挖土填井。

當第鏟泥土落到枯井裡時，驢子簡直嚇壞了，它明白主人已經不願意再救它了，它現在只有死路一條。又一鏟泥土落到枯井裡，驢子出乎意料地安靜下來了，它認識到了，現在，它只能自救，只能靠自己了。

然後人們發現，此後，每一鏟泥土打在它背上的時候，驢子都在做一件令人驚奇的事情，它努力地抖落掉在背上的泥土，然後把泥土踩在腳下，把自己墊高一點。隨著人們不斷把泥土往枯井裡鏟，驢子也就不停地抖落那些打在背上的泥土，使自己一再升高。就這樣驢子慢慢地升到枯井口，然後在人們驚奇的目光中，它瀟瀟灑灑地走出了枯井。

處於絕境中的驢子，在發現了主人的意圖之後也曾驚恐過、絕望過，但是很快它就發現了絕境中的希望，把絕境轉化成了自己出去的機會，把人們用於掩埋自己的泥土從身上抖下去，踩在自己的腳下，讓自己不斷升高，最終走出了枯井。

生活中，人們經常會遭遇像驢子一樣的絕境。其實在絕境的表象下，也蘊藏著希望的生機，因爲絕境在一定的條件下是可以轉化的。當然在眼前的絕境中找到生機不僅需要一種智慧，更需要極大的勇氣。其實更多時候，面對生活中的絕境，只要我們鼓足勇氣，用自己全部的心力去努力一搏，人生終究可以看到「峰回路轉，柳暗花明」的那一刻。

每個人的人生中，都難免有面臨絕境的時候。面臨絕境，需要勇氣，需要智慧，更需要的是一顆不放棄希望的心，這樣才能像狼一樣，敢於與任何惡勢力鬥爭，並且屹立而不倒。只要心中充滿希望之光，人生處處都是陽光。

積極的人眼中沒有失落

——生存的艱難是不會相信眼淚，也不會同情弱者，柔弱的綿羊也不可能在嚴酷的環境和激烈的競爭中脫穎而出，在野性世界能夠成為強者的，只有具有戰鬥意識和為戰鬥的狼群一族。

樂聖貝多芬曾說：

「卓越的人，他的最大優點就是：在不利與艱難的時候，仍然百折不屈。」

狼有著非常積極而樂觀的心態，它敢於主動出擊，並且從來不認爲獵物會在自己的追捕下逃生。因爲它知道爲了在這個優勝劣汰的動物界生存，積極而樂觀的心態是十分重要的。

它們從不守株待兔，而是對自己的目標和獵物進行主動而認眞的尋找和觀察，樂觀地看待自己捕獵的結果，無論最終是成功了，還是失敗了，它都會自信滿滿地投入下一次捕獵當中去。這就是狼的積極樂觀的心態。而擁有著這種狼性中積極樂觀的心態的人，在現實生活中最終都可以取得成功。

兩個書生是從小長大的好朋友，在鄉裡都是知名的學子，他們相約進京趕考，本來二人自以爲自幼苦讀，學富五車，應該會獲得一個滿意的名次，哪知在行路的途中，衣面遇到了一個出殯的隊伍。古代的人十分看重吉凶的占卜，按照皇曆來說，在趕考途中遇到喪事預示著霉運，是非常不吉利的。

其中的一個書生看著那口黑漆漆的棺材和滿天飄灑的紙錢，心想：「我怎麼這麼倒霉，趕考遇到出殯，這次考試也不會順利。」原本良好的心情跌至了谷底，對考試也沒有了信心，渾渾噩噩地答完了試卷，結果不僅榜上無名，對以後的考試中也變得毫無信心了。

而另一個書生雖然在看到出殯隊伍後，也感到了一絲的不快，但是積極的心態馬上使他調整了過來，「看到棺材，這預示著我升官發財啊！」這叫做有「官」又有「財」，他樂觀而自信地步入了考場，最終也取得了好成績。

這便是積極樂觀的心態的作用，如果一個人整天想著「不行，我不行」，妄自菲薄，那他很難取得成功，而如果一個人在做事時，總是默念著「我能行，我能行」，建立信心，那麼無論他所做的事有多難，他都會有一定的建樹，這種通過自我調整，保持積極而樂觀的心態而最終獲得成功的行爲並不是人爲臆造的，它在科學上屬於一種「心理暗示」的方法。

積極樂觀的心態是一種長期的修行，它就像是在培養一種習慣，當習慣成爲自然的時候，就會在潛移默化間改變我們的行爲方式。很多的成功人士都是在這種習慣的影響下，克服困難，贏得人們的尊重的。

在大自然中，狼從外在條件上並沒有優於其他動物之處，狼沒有獵豹的速度，也沒有獅子的凶悍，更沒有犀牛的體魄，但是狼卻有著這些動物所沒有的樂觀態度以及對生活的熱愛，更有著傷痛之後更堅強的鬥志。

草原上的狼，從一生下來就要面對各種各樣的困難，時刻處於一個又一個危險之中：天敵環列、人類捕殺、出去覓食的父母可能一去不回、疾病……但是，這些困難並沒有讓狼逐漸消沉，膽小怕事，相反它們經歷了早年的這些困難，卻成了草原上的強者，因爲它們知道不能從傷痛中挺過來，就只能面對死亡。所以，它們面對惡劣環境的反應不是倦怠、屈服或沮喪，而是勇敢地重新投入下一次、再下下一次的戰鬥中。

狼也有著七情六欲，只是它們不會讓這種感情流於表面，而是通過行爲表現出來。無論狼遇到什麼樣的傷痛，就算喪子之痛，它也能以最快的速度恢復，永遠不會喪失對生命的熱情。狼生命的核心就是捕獵，不斷地尋找，追逐，直到攻下目標獵物。然後，繼續尋找下一個目標，繼續追逐、攻擊。不斷地戰鬥，不停地抗爭，儘管途中充滿艱辛與坎坷，儘管同伴一個個倒下，它也不會畏縮、灰心。

面對傷痛應勇敢、樂觀地戰勝困難，不懈地追求，狼都如此，何況是萬物之靈的人呢？

其實，挫折和失敗並不可怕，被挫敗擊垮了鬥志，喪失了信心與繼續奮鬥下去的勇氣才可怕。說白了，挫折與失敗帶來的只不過是一種感覺上的痛苦，它並不能代表什麼，更不能說明什麼。在經歷坎坷、面對失敗之時，永遠要記住一點，那就是要保持樂觀的心態，就像狼一樣，笑傲於人世風雨間。

第二次世界大戰期間，一位名叫南丁格爾．嘉寶的女士處於戰爭結束帶來的喜悅中，突然她收到了一份侄兒的電報，電報上說，她最愛的一個人死在了戰場上。這個事實就像晴天霹靂一樣讓她無法接受，她決定放棄工作，離開這個充滿傷痛的家鄉，把自己永遠藏在孤獨與眼淚之中。

正當她清理東西準備辭職的時候，忽然發現了一封發黃的信，那是侄兒的母親去世時她寫給侄兒的。信上這樣寫道：我知道你會撐過去，我永遠不會忘記你曾教導我的，不論在那裡，都要勇敢地面對生活。我永遠記著你的微笑，像男子漢那樣能夠承受一切的微笑。

她把這封信讀了一遍又一遍，似乎侄兒就在她身邊，一雙熾熱的眼睛望著她說：「你爲什麼不照你教導我的去做呢？」

看完信後，她打消了辭職的念頭，一再對自己說：「我應該把悲痛藏在微笑後面，繼續生活，因爲事情已經是這樣了，我沒有改變它的能力，但是我要有繼續生活下去的勇氣。」

因此，南丁格爾．嘉寶笑著活下去了。

正如美國商業女強人惠普公司的總裁兼執行長梅格．惠特曼所說：「只有受過寒凍的人才感覺到陽光的溫暖，也只有在人生戰場上受過挫敗、痛苦的人才知道生命的珍貴，才可以感受到生活之中的眞正快樂。」

陷在痛苦泥潭裡不能自拔的人要學習一下南丁格爾．嘉寶看完信之後馬上恢復了對生活的熱忱。狼對生活也充滿了熱忱，這讓它成爲了生活中的強者，狼都能做到，那麼你也可以，告別痛苦的手得由你自己來揮動，告別痛苦，你才能盡情享受生活給你帶來的快樂。

不管你所處的環境是多麼的惡劣，也不管你肩上的擔子有多麼重，只要你熱情地去做，拿出蘊藏於身體的潛能來，這股力量可以立即改變你人生中的任何層面，就看你是否有心想把它釋放出來。熱忱，可以保養靈魂，培養並發揮熱忱的特性，我們就可以對我們所做的每件事情，加上了火花和趣味。你愈投入，事情就愈顯得容易。當你認眞地想做，一切都變得很有可能，沒有什麼是太麻煩或太困難的。反之，投入意願很低的時候，任何事都會對你產生很大的威脅，事事讓你感到棘手、頭痛，精力與熱情也跟著低落，注定成爲失敗者中的一員。

當你覺得心力交瘁時，熱忱能使你保持頭腦清醒、神智清晰。當我們生病或做錯事時，我們都有一段難熬時光。心理學大師榮格曾經說過：「生命中所有最大與最困難的問題，其實基本上都是解決不了的。而有些人在苦悶當中能保持相當的樂觀，並不是他們解決了問題，而是他們找到了更強的、更新的生命目的，來取代了那種苦悶。」

積極心態是一種主動的生活態度，面對問題、困難、挫折和挑戰，從正面去想，從積極的一面去想，然後積極採取行動，努力去做。積極的心態會感染人，給人以力量。我們會樂觀地對待生活、對未來永遠充滿希望，即使遭遇苦難也能熱忱地對待生活。我們的一生都在朝著高處攀登，常保持著高昂的激情，不惜忍辱負重，始終都會以充滿希望的心態，在群山之巔面對天高地闊激昂長嘯。

第四章

「合作」是地球上最強大的力量

——狼道：五人團結一隻虎，十人團結一條龍

狼道，是創造雙贏天下的胸懷；
狼道，是尋求互助合作的理念。

單絲不成線，孤木不成林

——失敗的團隊沒有一個成功者，成功的團隊則每一個人都是成功者，凝聚團隊的力量，才能化不可能為可能！

三國時代吳國孫權說：

「能用衆人之力，則天下無敵；能用衆人之智，則聖人有什麼可怕！」（原話：能用衆力，則無敵於天下矣；能用衆智，則無畏於聖人矣。）

如果有人想挑戰狼群最高的權威——狼王。在它挑戰失敗後離開了狼群，單槍匹馬、獨自一個、漫無目的地在廣闊的大草原上遊走。它並不知道自己要到什麼地方去，它只是認爲應該遠離本來的狼群，找個什麼地方重新開始。

它走到了一個沙漠的邊緣，這裡離狼群應該已經很遠了。這裡的環境要比草原上惡劣得多。草原上滿眼都是的綠色在這裡卻是一種奢侈的顏色，草原上隨處可得的小水塘在這裡需要長途的奔跑才能看得見。白天頭上是火辣的太陽，腳下是東一簇西一簇的荊棘，和被太陽照得滾燙的沙土；在夜晚則有漫卷過沙丘夾雜著沙粒的冷風吹透它的皮毛，直刺身體的深處。它決定不再向前走了，因爲純粹的沙漠並不適合像它這樣的動物。它準備奮鬥一番，可也並不想跨過大自然給它定下的界線。

太陽那個大火球把它的嘴唇烤得又乾又澀，炎熱的大地使得最平常的動作都變成了一種痛苦。它飢餓、它乾渴，爲了生存，它必須捕捉到獵物，它要吸它們的血、吃它們的肉、啃它們的骨頭。在生存和死亡之間沒有任何的過渡，有時一絲一毫的猶豫和錯誤都會喪命。

在孤獨的奔跑中，它終於體會到了爲什麼大多數的物種，都自發地選擇「群居」這種方式來生活。單槍匹馬的代價是很高的。

一隻狼的狩獵要比一群狼狩獵困難得多，一隻狼的生存成本要遠高於一群狼的平均生存成本。大家都是爲了生存，才保持了這種狼與狼的關係。在沒有盡頭的大地上，它根本沒有方法採用狼群最經常採用的包圍戰術，它只能進行一對一的追擊。凡是被它相中的獵物跑得快一些的得以活命，慢一些的就變成了它的口中餐。

它狩獵的成功率變得很低。爲了活命，它的食譜開始變得非常的龐雜。它和飛奔的兔子比速度，它和狡猾的狐狸比狡猾，它躲在沙丘的後面偷襲落單的野狗……生存的現實讓它忘記了作爲一個食肉者的尊嚴，它有時甚至會像一個草食性動物那樣啃吃青草、蘑菇，凡是能吃下去的東西它都嘗試過。可是飢餓、乾渴還是在時時刻刻威脅著它的生命。

一隻狼再強大也經受不起殘酷現實的打擊，因爲它要生存，就要捕獵，但捕獵是需要技巧的，一隻狼很難在這個日益惡劣的環境中捕獲獵物，維持生命。所以狼是有智慧的動物，它們總是成群結隊攻擊獵物，它們相信團隊的力量是巨大的，要想長久地生活在世界上就需要團結起來，共同奮鬥。

經過多年嚴峻環境歷練的狼族都知道單槍匹馬的代價，所以它們不會傻到獨自面對比自己強大很多倍的老虎、凶猛無比的獅子、力氣大得很的野牛，以及奔跑速度如閃電的黃羊。它們爲了生存，總是成群結隊，沒有一隻狼願意做孤膽英雄。就算有這麼一隻狼想嘗試，經歷過一番你死我活的鬥爭，仍舊會回到狼群，或者自己組織一支團隊。

一個人的力量即使再大，也是有一定限度的，只有與他人合作才能凝聚更大的力量，創造更大的價值，在生活中，可以說合作無處不在。喬•漢姆曾說過：「幫助別人往上爬的人，往往會爬得更高一些。」這句話充分說明了合作的可貴之處在於，它可以使合作雙方不停地向目標前進，而不至於跌入失敗之中。一個能與同伴合作的人，將會飛得更高、更遠，而且更快。

某天，有一個裝扮像魔術師的人來到一個村莊，他向迎面而來的婦人說：「我有一顆湯石，如果將它放入燒開的水中，會立刻變出美味的湯來，我現在就煮給大家喝。」

這時，有人就找了一個大鍋子，也有人提了一桶水，另外還有一些人過來架上爐子和燒起了木材，就在廣場煮了起來。

這個陌生人很小心地把湯石放入滾燙的鍋中，然後用湯匙嘗了一口，很興奮地說：「太美味了，如果再加入一點洋蔥就更好了。」立刻有人衝回家拿了一堆洋蔥。

陌生人又嘗一口：「嗯，實在太棒了，如果能再放些肉片就更香了。」又一個婦人馬上回家端了一盤肉片來。

「不過，要是再有一些蔬菜，那就完美無缺了。」陌生人又建議道。

就這樣，在陌生人的指揮下，有人拿了鹽，有人拿了醬油，也有人捧了其他材料，當大家一人一碗蹲在那裡享用時，他們發現這眞是天底下最美味的湯。

其實，那不過是陌生人在路邊隨手撿到的一顆石頭。所以只要我們願意，每個人都可以煮出一鍋如此美味的湯。當你貢獻自己的一份力量時，衆志成城，湯石就在每個人的心中。

每個人都有著有限的能力，相比集體的力量，個人之力就如同大海中的一滴微不足道的水。我們都知道白蟻的身形很微小，可是一旦它們團結起來，就能把一棟木造屋變成廢墟。

因此，當兩個以上的人同心協力，互相交流時，團體中的每一個成員都能夠在潛意識之中汲取其他成員的學識和能力。這種效果立即可見，它能夠激發出更多的智慧，更大的力量，更豐富的想像力和第六感。通過第六感，新的靈感就會浮現出來，自然而又快速地與你思考的主題結合起來。如果合作的整個團體，專注地探討共同的主題，靈感就會源源而來，好像有一種外在的助力。大家的心就會像磁石一樣，就能夠吸引新的觀念與思想，從而激發出新的智慧和新的力量，由此產生出最大的意志力與凝結力。

在美國唐人街曾流傳著這樣一句話：「日本人做事像在『下圍棋』，美國人做事像在『打橋牌』，中國人做事像是『玩麻將』。」「下圍棋」是從全局出發，爲了整體的利益和最終的勝利可以犧牲局部棋子。「打橋牌」的風格則是與對方緊密合作，針對另外兩家組成的聯盟，進行激烈競爭。「打麻將」則是孤軍作戰，看住上家，防住下家，自己和不了，也不能讓別人和。這種做派顯然是不好的，尤其是自己做不出成績，也不讓別人出成績，更是嚴重影響發展。

因此，當代的企業都倡導合作，只有社會中的每個人都善於與別人合作，才能夠使得社會快速、健康地向前發展。

在朗朗乾坤中，狼之所以得以長久地生存，被稱爲偉大的動物，就是因爲它們有屬於狼的取勝之道——群攻。經歷過嚴峻環境考驗的狼，都知道以狼成群才能戰勝敵人，獵取食物，才能面對強敵，所向披靡。

其實，狼的這種成群結隊的生存方式，就是一種團隊精神。當狼群在圍獵時，有著嚴格的戰術與作戰紀律。每隻狼都有自己的作戰任務，任何狼都不能擅離職守。有的狼要做先鋒，去誘引獵物；跑得快的狼去圍追或者到前面堵截；強壯的狼去獵殺強壯的獵物；弱小的狼去獵殺相對弱小的獵物。當它們遇到比自己強大的獵物時，一般都採取群攻戰略，群攻可謂是狼群取勝的一條不滅的定律。

團隊精神不僅對於狼來說至關重要，對於我們人類來說也非常重要。在現代的這個社會裡，靠一個人單打獨鬥去建功立業已經不可能了。俗話說，一個人是一條蟲，兩個人才是一條龍。因此，我們只有在利人利己的前提下團結互助，眞誠合作，才能夠創造出生命的最大輝煌。

這個時代已不再是「單打獨鬥」的時代了，團隊精神是發展的根本需要，在21世紀，孤單力薄的個體如何能與現代化的「艦隊」競爭呢？團結起來，組織現代化的「聯合艦隊」參與時代的「馬拉松競賽」。這是一種當今社會生存競爭的根本需要，同時也是人類發展競爭的需要。

狼要生存繁衍下去，獵捕到足夠自己生存的食物，就必須依靠和其他狼之間的精誠協作。同樣，一個人的成功也是與別人的合作分不開的，每一位成功者最愛說的一句話是：「我能有今天，離不開大家的支持，成績應歸功於大家。」這雖是一句自謙之詞，但也深刻地道出了成功的一條秘訣——「團結就是力量」。

分工合作：魚幫水、水幫魚

——狼性執行力：知道不等於做到，做到不等於做好；做不好是零分，做好才是一百分！

古代有句諺語說：

「眾人拾柴，火焰高。」

西藏也有一句流通語：

「村子團結力量大，家庭團結幸福多。」

我們狼群中每一匹狼都在扮演著至關重要的角色。攻擊目標一旦確定，就會群狼起而攻之。頭狼號令之前，群狼各就各位，各司其職，每頭狼都有自己的任務，任何狼都不能擅離職守。有些狼適合做先鋒，去騷擾獵物；跑得快的狼適合圍追或者到前面堵截獵物；強壯的狼適合獵殺強壯的獵物；弱小的狼也有其用處，它們可以去獵殺相對弱小的獵物。嚴密的分工、各守其職，使得我們在捕殺獵物時總能無往不勝。

一隻狼可以捕獲一隻羊，一百隻狼卻可以屠殺一萬隻羊。隻拳難敵四手，惡虎敵不過群狼。衆狼一心，才能所向無敵。

一滴水只有放入大海中才不會乾涸，一個人只有融入團隊中才能獲得充分的成長。

企業強大的競爭優勢不光體現在員工個人能力的卓越上，更重要的是體現在合作的力量。沒有完美的個人，只有完美的團隊。個人的力量再大都是有限的，只有依靠團隊的力量，才能實現自己的能力和精力不能完成的目標。

狼群知道自己是誰，它們爲了活著而相互依賴，雖然都是食肉者，狼也很想當獸中之王，但它們知道自己是狼，而不是虎。如果不得不攻擊比自己強大的獵物，狼必群起而攻之。狼知道如何用最小的代價，換取最大的回報。也正是因爲它們的這個特點，使得成功一定會到來。因此，狼群的團隊精神成爲它們存亡的決定因素。

狼群在一對頭狼夫婦的帶領下，狼群中每一匹狼都要爲了群體的幸福承擔一份責任。比如在母頭狼產下一窩幼崽後，通常會有一位「叔叔」擔當起「總保姆」的工作，這樣母頭狼就可以暫時擺脫當媽媽的責任，和公頭狼去進行「蜜月狩獵」。狼群中每個成員都不希望成爲光說不練的「老板」——倒是有的狼更喜歡做固定的獵手、保姆或哨兵——不過，每一匹狼都在扮演著至關重要的角色。

早在與成年狼嬉鬧玩耍時，狼崽們就被耐心地訓練承擔領導狼群的重擔。它們這樣做是因爲生活本該是這樣，責無旁貸。

成功的團體和幸福的家庭也是如此。每位成員不僅要承擔自己的義務，還要準備隨時承擔起更大的領導責任。一個團體的生命力很可能就維繫於此。

德國皇帝剛統一德國時，勢力正值巔峰，他自認是世界之王，因此態度高傲、不可一世。

一天，土耳其國王派使者前來謁見德國皇帝，皇帝的心中感到有些疑惑，他納悶地想：「土耳其也是強國，他的使者是爲了什麼而來呢？他們是想與我結盟，還是想對我稱臣呢？」皇帝進入大廳後，只見土耳其使者笑容滿面，坐在廳裡等候他。

由於這名使者身材矮小，沒有佩帶武器，穿著也十分普通，皇帝於是盛氣凌人地問道：「你來到我的土地，覺得我們德國如何啊？」使者很恭敬地回答：「一路上，我看到了許多堅固的城堡，想必貴國有很多豪傑。」皇帝得意地說：「我們德國一共有24個諸侯，他們都各自擁有10個英雄豪傑，每個英雄豪傑也都有城邑。這些英雄豪傑都有一人獨戰整個軍團的實力。」

土耳其使者依然笑容可掬地說：「我在穿越貴國森林時，看到了一條恐怖的九頭巨龍，陛下有沒有興趣聽我說說這頭巨龍的事情呢？」

「有這種事？說來聽聽。」皇帝從來不曾聽說國內有什麼九頭巨龍，因此感到十分好奇。

使者說：「那天我經過一片森林，遇到了一條九頭怪龍。龍向我衝來，我立刻嚇得昏了過去，醒來後發現自己還活著，我本來以爲自己死定了，抬頭一看，原來那巨龍的九個頭爲了應由誰來吃我，正吵得不可開交，最後甚至互相咬了起來。看到這種情形，我的恐懼感早已消失得無影無蹤，於是看著那互相噬咬的九頭巨龍，慢慢地走出了森林。」

「陛下，有九個頭的龍都會爲一個小小的我而互相爭鬥，那麼有24個頭的巨龍，會不會爲了抓隻小羊而爭鬥不休呢？尊敬的皇帝陛下，相信您一定知道這裡潛藏的危機了吧！」

使者說完，微笑地向皇帝告辭，留下一臉愕然的皇帝，怔怔地坐在豪華的宮殿裡，盤算著該如何解除這場危機。

這則故事告訴我們，如果不重視分工與合作的作用，那麼一個國家再強，也會因爲成員之間無法繼續合作下去而使國家滅亡。國家就相當於一個團隊，要想團隊戰鬥力強，就需要隊員之間相互合作，發揮每個隊員的優勢，分工合作，才能建設一支完美的生命力強的團隊。

在狼的世界中，最值得驕傲的就是它們那無堅不摧的團隊，正是這種團隊精神帶領著狼族在這個「物競天擇，適者生存」的自然界中得以生存，從遙遠的過去一直走到了今天。

那麼狼的團隊爲什麼會無堅不摧呢？不僅是它們有著分工合作的模式，而且更重要的是它們在各自的崗位上能恪盡職守，在行動上從不拖拉時間，在意識上從不推卸責任，在思想上從不疏忽細節。狼群的社會秩序非常牢固，每個成員都明白自己的作用和地位。這樣的團隊才是最有生命力的團隊。

在狼群中，所有的狼都聽命於狼王，但就算狼王，也有累的時候，它不可能憑借一個人的力量讓整個狼群都能吃上肉，它必須借助團隊整體的力量。沒有人是無所不能的，也沒有一隻狼能做完整個狼群才能做成的事。

狼的這種精神也得到了那些成功人士的認同，企業家王石曾說過：「我給外界的錯覺是因爲個人能量非常大而成就了萬科的今天，其實不是這樣。我曾給萬科帶來了什麼？首先，選擇了一個行業；其次，建立了一個制度；最後，培養了一個團隊——這就是我的作用。」王石的成功不是他一個人的功勞，而是整個團隊努力的結果。

在成長的道路上，每一個人都想擁有成功，並努力地追求成功。但是只有眞正成功的人才知道，只依靠自己是很難得到成功的。一個人的力量是有限的，只有合作團結才能最終取得成功。正所謂：「一個籬笆三個樁，一個好漢三個幫。」

狼在教育幼子時，在它們有了獨立生存能力的時候就會毫無留情地把幼子趕出家門，讓它們自己在外求生存。因爲狼知道，一個團隊實力的大小，與每一隻狼的能力大小有著非同尋常的關係。一個團隊就像一個木桶，所以它們是不會讓任何一個狼性成員成爲團隊木桶中最短的那一塊木板的，而是要培養它們在隊伍中找到自己正確的位置，爲團隊力量的壯大發光發熱。

每隻狼在狼群中都會找到自己的正確位置，那麼我們現實中的人也應該在這個競爭日益激烈的社會中不能做木桶中最短的那個，這就需要我們在團隊中找到屬於自己的那個位置。

我們都知道「木桶定律」——一個木桶，最短的一片決定其容量；一條鎖鏈，最脆弱的一環決定其強度；一個人，素質最差的一面決定其發展。

在如今的管理學當中存在著一個木桶原理：一個木桶由許多塊木板組合而成，如果組成木桶的這些木板長短不一，那麼這個木桶的最大容量不取決於長的木板，而取決於最短的那塊木板。

其實，一個大的企業就好比一個大的木桶，那麼在企業中的每一個員工是組成這個大木桶不可或缺的一塊木板。然而企業的最大競爭力往往取決於整體狀況的強弱，而不是取決於某幾個人能力的超群與突出。

企業中，員工本身就相當於木桶的桶底，因爲這個桶底可以看出員工的人文素養及他所掌握的各項專業知識和技能的高低。如果桶底不是堅固無缺的，那麼當木桶的容量隨著木板的加長而增大到一定程度時，桶底也就在這個時候開始漏了。嚴重的時候這個桶底就有可能會裂開甚至會脫落，到最後終於使得這個木桶完全崩潰。

在一個團隊當中，判斷團隊戰鬥力強弱的一個最爲根本的標準就是那個能力最弱、表現最差的落後者。因爲，最短的木板在對最長的木板起著限制與制約性的作用，決定了整個團隊的戰鬥力，影響了整個團隊的綜合實力。也就是說，只有想方設法讓最短的那個木板達到長木板的高度，還有一種方法是讓所有的木板都維持「足夠高」的同等高度，如此才能夠充分地發揮出整體團隊的作用。

木桶定律可以讓我們想到構成系統的各個要素的思考，就像是一個生產流程、一種商業運作模式、一個組織系統中的各個要素。這些都能夠想像，如果在生產中少了一個流程或是某個流程不合格，那麼生產出來的也只會是廢品一個。就算是一道好菜，各種作料也是必不可少的，否則這道菜燒出來可能也就不會那麼可口了。

眾多領導者在這個定律當中，也可以說他們在管理過程中要下工夫狠抓公司的薄弱環節，如果不是這樣的話，公司的整體工作也就會因此受到影響，人們常說「取長補短」，即取長的目的是為了補短，只取長而不補短，就很難提高工作的整體效應。

惠普公司內部有一項關於管理規範的教育項目，僅這個培訓項目，每年研究經費就高達數百萬美元。他們不僅僅研究教育內容，而且還研究哪一種教育方式更容易被人們所接受。企業教育是一項有意義而又實實在在的工作，優秀企業的員工，都很樂意接受教育和培訓，這對於培養企業的團隊精神大有裨益。

今日教育普及，大學畢業生比比皆是，隨著知識型員工的增多，以及工作內容中智力成分的增加，越來越多的工作需要團隊合作來完成。

傳統的組織管理模式和團隊協作模式最大的區別在於，團隊更加強調團隊中個人的創造性發揮，以及團隊整體的協同工作。如何協調個人成長與團隊成長的關係，使他們能夠相互作用、共同發展出更大的戰力。團隊協作模式對個人的素質有較高的要求，成員除了應具備優秀的專業知識外，還應該有優秀的團隊合作能力，這種合作能力，有時甚至比成員的專業知識更加重要。

而且在團隊當中，可以說任何人都不會喜歡驕傲自大的人，這種人在團隊合作中也不會被大家認可。你可能會覺得自己在某個方面比其他人強，但你更應該將自己的注意力放在他人的強項上，只有這樣，你才能看到自己的膚淺和無知。因爲，團隊中的任何一位成員都可能是某個領域的專家，所以你必須保持足夠的謙虛，謙虛才會讓你看到自己的不足，這種發現會促使你在團隊中不斷地進步。

在狼族，沒有狼能容忍自己的族群裡出現「無用」的狼，它們將自己的幼狼「逐出家門」也是爲了避免自己的孩子以後成爲整個狼群「最短的木板」。在人類的組織群體中也是同理，一個團隊的能力最終取決於最差的那個成員，所以我們要學會吸取其他人的長處，學習他們的優點，取長補短，不要讓自己成爲團隊中最短的那塊木板。

沒有溝通，就沒有合作

——品質是自然界中最為重要的東西，它包含了生活中最完美的紀律、團隊、溝通和智慧，而狼卻完全擁有了這些。不光如此，它還把這些優質做到盡善儘美的地步，它讓人類以及所有動物都難以超越它！

出生於匈牙利布達佩斯的美國企業家葛洛夫說：

「愈壞的訊息，應該用愈多的力氣去溝通。」

眾所周知，現在是一個溝通的時代，但是絕大多數的大企業的高級管理層能與員工平等溝通的很少見，有的員工在公司裡辛勤工作數年，甚至連老板的面都沒見過，更談不上什麼溝通了。這種上層聽不到下層的聲音，下層難以向上層反饋，便造成了許多的誤解和隔閡產生，久而久之，就影響了績效。不過，企業的成功與否，往往就是取決於不同的專業人員間，能不能有效地分享其經驗與心得。總而言之，斷層式的溝通在企業的運作中應該盡量避免，這是能否留住人才的關鍵所在。

通用電氣公司首席執行長傑克．威爾許說：「作爲一個企業的領頭人，如果在整個企業中只能聽到他一個人的聲音，那麼他就已經失敗了。」溝通是團隊建設和營造良好企業外圍環境的重要手段，也是考核領導能力高低的一項重要指標。要重視溝通，要勤於溝通，也許每個人都會講，但眞正溝通起來又不是那麼容易了。希望每一個管理者學會溝通，善於溝通，用溝通創造和諧的團隊，做一匹出色的「頭狼」！

狼是自然界最善於交流的動物之一。對狼來說，交流的藝術在於密切注視各種各樣的交流方式，狼之間複雜精細的交流系統，使它們得以不斷調整戰略戰術，以獲得成功。

對於狼群來說，交流溝通就是它們生存的保障。狼群有著嚴格的社會組織和等級制度，它們是世界上最團結的動物，所有這些都要求它們有完善的溝通系統。這也正是狼群生存的優勢。

生活中需要溝通，企業中更需要溝通，溝通是企業生存的重要關鍵。因爲在一個企業中，作爲一個員工，每天都要上班，與之打交道最多的是其所在的團隊，而不是龐大的企業整體。相對於整個企業來說，團隊內員工的技能互補性更強，任務的完成更需要彼此之間的密切合作，因此，員工在團隊內的重要性更爲明顯，其團隊意識也就更強烈；那麼，一個優秀的員工，必是一個善於交流溝通，懂得合作的員工。

作爲團隊的一名成員，僅有良好的願望和熱情是不夠的，在做事之前，大家要進行充分的交流與協商，明確每個人的任務，這樣才能把大家的力量形成合力，發揮團隊的最大作用。這是狼性員工團隊意識的一個表現。這樣的事情，在狼性員工的團隊裡，是不會出現的。

有一次，美國著名的節目主持人林克萊特在節目中訪問一名小朋友，問他說：「你長大後想要當什麼呀？」小朋友天眞地回答：「我要當飛行員。」林克萊特接著問：「如果有一天，你的飛機飛到太平洋上空沒有油了，所有引擎都熄火了，你會怎麼辦？」小朋友想了想說：「我會先告訴坐在飛機上的人綁好安全帶，然後我掛上我的降落傘跳出去。」當現場的觀衆笑得東倒西歪時，林克萊特繼續注視這孩子，想看他是不是自作聰明的家伙。沒想到，孩子的兩行熱淚奪眶而出，這才使得林克萊特發覺這孩子的悲憫之情遠非筆墨所能形容。於是，林克萊特問他說：「爲什麼要這麼做？」小孩的答案透露出一個孩子眞摯的想法：「我要去拿燃料，我還要回來！」

從上面的這個故事中我們可以得出，溝通中其實存在很多誤區，一個不小心，就會做出讓自己後悔的事來。在溝通中，你眞的聽懂對方的話了嗎？你是不是習慣性地打斷別人的話？我們許多人都會犯這樣的錯誤：在對方還沒有來得及講完話前，就按照自己的經驗打斷別人，大加評論和指揮。這樣的溝通肯定是沒有效果的。

一個人也可以通過暗示來與他人溝通，或者通過身體語言、姿勢語等非語言方式進行溝通，輕拍對方的肩膀會比十幾句稱讚的話，表達得更直接和更有意味。

溝通不僅是領導者個人能力、魅力的體現，也必須是每一員工應該做到的。如果員工之間不溝通交流，只有領導在唱「獨角戲」，又有什麼意義呢？因此，一個優秀的員工，要懂得人的能力有大小，人各有所長，只有密切合作，取長補短，才能構成合理的完整集體。那麼，就必須樹立團結合作的意識，只有這樣，才會創造出更大的成功。

著名的微軟總裁比爾．蓋茨認爲：「團隊合作是一家企業成功的保證，也是個人成功的前提。」因此，一個優秀的員工必須樹立合作的意識。

應聘微軟的必要條件就是，在工作中，要善於與人合作。

美國微軟開發Windows XP時有五百名工程師奮鬥了二年，有五千萬行編碼。軟件開發需要協調不同類型、不同性格的人員共同奮鬥，缺乏領軍型的人才、缺乏合作精神是難以成功的。

不僅僅是微軟重視團隊合作，無論是哪個企業，在招聘員工時，都把能否「崇尚團隊合作」當作一個重要的衡量指標。不能與同事友好合作，沒有團隊意識的人，即使有很好的能力，也難以把自己的優勢在工作中淋漓盡致地發揮出來，不但難以引起老板的關注，也難以在職場立足。所以，想要成爲一個好員工，就必須有合作的意識，要像狼群那樣團結成爲最優秀的團隊。

在微軟任何一個部門中，都有這樣一句名言：沒有永遠的老板與員工。

老板與員工在一起，不僅是一起工作，更是在一起分享成功與失敗、快樂與悲傷。這使得微軟人的團隊意識非常強：成敗皆爲團隊共有；大家互教互學；互相奉獻和支持；遇到困難互相鼓勵，及時溝通；靠團體智慧；承認並感謝隊友的工作和幫助；甘當配角。這樣具有強烈意識的高素質的團結、協作的集體，形成了積極、向上的士氣，這種士氣使得微軟人在面對一切挫折時都勇於抗爭，勢不可擋。這也許就是微軟永保青春的奧秘。

比爾．蓋茨認爲，團隊中的每一個人都是一樣重要，當他們具有團隊精神時，就能共同爲一個卓越的目標全力以赴。

任何公司的發展和壯大，都依賴員工的有效合作。他們在做一個項目時，所有關鍵人物都能團結合作，最終目標就是讓一個小組發揚公司的最佳構想，然後就像一個積極性很高的一個人一樣，目標一致、全力以赴地行動。

理解對方、認同對方

——有氣量的人總能掌握一種外圓內方，綿裡藏針的為人處世技巧，會讓別人的攻擊因為沒有著力點而發揮不到一點作用，相反地，自己只需輕輕一擊就可以令競爭對手受到重創，這可謂是真正的高手需要做的事情。

美國企業家葛洛夫說：

「有效的溝通取決於溝通者對議題內容充分的掌握，而非措辭的甜美！」

狼不僅與同類密切合作，還可以與其他種類的生物和睦相處，這樣做有時可以達到雙方合意目標，有時便可以從中取樂，豐富生活。溝通就是傳達、傾聽、協調，是團隊的領導者必須具備的基本素質。

企業的員工千差萬別，對於管理者來說，成功的管理就是要善於同各種類型的員工打交道，其根本就是企業管理者準確掌握員工的語言與行為方式。人類的所有語言都不像貓和狗那樣，這是完全不同的兩回事，若企業管理者能做到利用員工的語言去與他們打交道，就能輕而易舉地突破溝通障礙，減少許多不必要的管理麻煩。

美國沃爾瑪公司總裁山姆．沃爾頓曾說過：「如果你必須將沃爾瑪管理體制濃縮成一種思想，那可能就是溝通。因爲它是我們成功的關鍵之一。」

溝通就是爲了達成共識，而實現溝通的前提就是讓所有員工一起面對現實。沃爾瑪決心要做的，就是通過信息共享、責任分擔實現良好的溝通交流。

沃爾瑪公司總部設在美國阿肯色州本頓維爾市，公司的行政管理人員每周花費大部分時間飛往各地的商店，通報公司所有業務情況，讓所有員工共同掌握沃爾瑪公司的業務指標。在任何一個沃爾馬商店裡，都定時公布該店的利潤、進貨、銷售和減價的情況，並且不只是向經理及其助理們公布，也向每個員工、計時工和兼職雇員公布各種信息，鼓勵他們爭取更好的成績。

沃爾瑪公司的股東大會是全美最大的股東大會，每次大會公司都盡可能讓更多的商店經理和員工輪流參加，讓他們看到公司全貌，做到心中有數。山姆．沃爾頓在每次股東大會結束後，都和妻子邀請所有出席會議的員工約二千五百人到自己的家裡舉辦野餐會，在野餐會上與衆多員工聊天，大家一起暢所欲言，討論公司的現在和未來。

爲保持整個組織信息渠道的通暢，他們還與各工作團隊成員全面注重收集員工的想法和意見，通常還帶領所有人參加「沃爾瑪公司聯歡會」等。

山姆．沃爾頓認爲讓員工們了解公司業務進展情況，與員工共享信息，是讓員工最大限度地幹好其本職工作的重要途徑，是與員工溝通和聯絡感情的核心。而沃爾瑪也正是借用共享信息和分擔責任，適應了員工的溝通與交流需求，達到了自己的目的：使員工產生責任感和參與感，意識到自己的工作在公司的重要性，感覺自己得到了公司的尊重和信任，積極主動地努力爭取更好的成績。

溝通的管理意義是顯而易見的。如同激勵員工的每一個因素都必須與溝通結合起來一樣，企業發展的整個過程也必須依靠溝通。可以說，沒有溝通企業管理者的領導就難以發揮積極作用，沒有順暢的溝通，企業就談不上機敏的應變。

從某種意義上講，溝通已成爲現在員工潛意識的重要部分，是員工激勵的重要源泉。重視每一次溝通所產生的激勵作用，企業管理者會發現對員工的最大幫助就是心存感激。「士爲知己者死」，企業管理的「理解、認同」的「知遇之恩」，也必將換來員工的「湧泉回報」。

作爲一名企業管理者，要盡可能地與員工進行交流，使員工能夠及時了解管理者的所思所想，領會上級意圖，明確責權賞罰。避免推卸責任，徹底放棄「混日子」的想法。而且，員工們知道的越多，理解就越深，對企業也就越關心。一旦他們開始關心，他們就會爆發出比平時多出數倍的熱情和積極性，形成勢不可擋的力量，任何困難也不能阻擋他們。

如果企業管理者不信任自己的員工，不讓他們知道公司的進展，員工就會感覺自己被當作

「外人」，輕則會打擊員工士氣，造成部門效率低落；重則使企業管理者與員工之間，形成彼此猜疑相互不信任的現象，產生嚴重隔閡，無法達成共識。當然，管理中的溝通誤會，並非都出自企業管理者與員工之間的隔閡，缺乏共同的溝通平台，往往也會造成溝通誤會。

由此可見，理解、認同、適應對方的語言方式和行爲習慣，是強化管理溝通最基本的內在條件。這裡所言的「理解、認同和適應」是以保持個人風格爲前提的，並不是讓企業管理者變成一個「千面人」，那樣企業管理者就等於失去自我。

客觀地講，所謂「理解」、「認同」，只是說企業管理者在管理中不要以自我爲中心，認爲自己的行爲才是好的，老是習慣於用自己的觀點和習慣去衡量、評判員工。當然，這也不是說爲與員工達成共識，企業管理者必須違心地認爲對方百分百地正確。有時候，所謂「認同」，就是一種換位思考方式。通過換位思考，站在員工角度考慮問題，企業管理者可能忽然間發現「哦，原來他們是這個意思。」有了這層理解和認同作爲溝通基礎，哪怕管理者與員工間的語言方式和行爲習慣差異再大，相信企業管理者也能自然適應並接受。

正如《聖經》所言：「你願意他人如何待你，你就應該如何待人。」事實證明，這條不論過去、現在或將來都適用的人生準則，對於必須與員工相處的企業管理者來說，不僅是一條再完善不過的管理行爲準則，也是管理上最適用的一把溝通「鑰匙」。說簡單一點，就是換位思考、

「對等溝通」。

每個人都能從狼的眼睛裡讀出不同的東西，孤獨、寂寞、渴望或者其他的情緒。其實，眼睛是狼群最有效的溝通工具。狼可以通過改變瞳孔的大小來表達愉快、同情、恐懼、憤怒、生氣、驚奇以及其他一些情緒。

當狼群與自己的孩子交流時，它們表現了慈祥的一面，根本不去計較什麼輩分，它們要讓幼狼感覺到平等。這時，幼狼會爬到它們身上，甚至與它們廝打，無論幼狼做什麼過分的舉動，它們也不會生氣。這正是它們的溝通帶來的最好教育。

創造一加一大於二的合作模式

——沒有固定的規則就是永恆的規則，自然界變化無常，人世間瞬息萬端，只有不拘泥於過去，才能活得更好。

一個猶太商人告誡他兒子的話：

「我們猶太人唯一的財富就是智慧，當別人認爲一加一等於二時⋯你應該想到的是大於二！」

日本第一次的企業展覽在一九四九年，假銀座的松坂屋百貨公司舉行。當時衆人注目的焦點是電子計算機。會場中所有的製品都是德國、美國、英國製的，還沒有看到日本製品。在當時價格差不多等於一輛車，可以說是十分貴重的高級品。

這一天，有兩個人站在這種進口的尖端機器之前，他們就是於一九四六年才成立的卡西歐計算機的創業者：樫尾忠雄與他的弟弟俊雄。

俊雄嘴巴張得大大地說：「哥，要做就得做計算機！它具有未來性。」

忠雄原本就是一位技術者，一九三二年進入一家製造金屬零件的工廠工作，磨練出良好的技術。二次世界大戰後，獨立開設樫尾製所作，承包各種機器製造的工作，具有製作烏龍麵機器及煎餅機器的技術。

俊雄從東京電機學校畢業之後，入遞信省（其後的通產省）的東京電氣通信工務局服務。樫尾製造廠工作繁忙時，他會在假日幫忙哥哥的工作。

不久，俊雄辭去工作，專心到哥哥的工廠上班。

忠雄只做承包工作，當一個小鎮工廠的老闆。俊雄則思考著如何利用自己的創意，加上哥哥的技術，製造新產品。

就在這時，他看到了電子式計算機。兩個人著手開發。五年後的一九五五年，終於造出第一部計算機了。

兩年後，量產體制有了眉目，設立了卡西歐計算機工廠（這時另兩個兄弟，和雄、幸雄也一起加入了）。其後經過幾番周折，經營終於上了軌道，在電子計算機流行潮中，創出了紅牌商品卡西歐迷你計算機。

如果當時俊雄只是過著安定的公務員生活，就不會有現在的卡西歐，本來的兄弟倆也只會是一個平凡的公務員加一個小鎮工廠的經營者。

組織的有趣之處在於一加一不一定等於二，有時候會等於五，等於六。樫尾兄弟互爲支柱，達成一個人不可能獨自做到的工作。當然，協力同心實際上經常難以持續。但是，每人各有堅持時，共同的工作便成爲他們的良師。

狼群在追捕獵物時，它們總是聽從狼王的指揮，同進同退，絕不會因爲內部的分歧讓團隊的利益受損，也不會把過多的體力浪費在兄弟之爭上。因爲狼知道，它們要生存、就必須團結，不能產生內耗，要保留體力與天鬥、與地鬥、與狼族以外的動物鬥。

狼之所以會成功，就在於它們一心同進同退。在這競爭激烈的時代，企業的成功，也在於這個企業的員工是否一心。因此，作爲企業中的員工，應該與其他員工團結一致，也只有這樣，企業才會獲勝，也只有這樣才是一個好員工。

正所謂，一隻獅子帶一群綿羊——個個英勇善戰；一頭綿羊帶一群獅子——個個軟弱無能。異體同心萬事興，同體異心萬事休。團結一切可以團結的力量，把人心凝聚在一起，才能戰勝一切。

幾乎所有企業都存在衝突的問題，也沒有一個企業敢誇口說自己沒有內耗。而企業內部衝突的根本，大都來自企業面對複雜環境下越來越重要的協同要求。一個企業要健康發展，需要多個部門、多種角色協同解決問題，而這，也往往是產生衝突的開始。不過良性的衝突能刺激員工的創造力，使其接納新鮮事物，幫助企業提高績效，但那些破壞性的衝突會對企業產生負面作用，甚至影響企業正常的生產經營活動。

在企業內，衝突有多種表現形式，如上下級之間、員工之間、員工個人生活與工作的協調關係、各部門之間、管理者的不同角色之間等。例如，新老員工之間的衝突，女上司與男下屬的衝突，不同職能部門之間的衝突，來自管理者不同指令的衝突……

一旦衝突發生了，就得及時進行管理，不管是良性衝突還是破壞性衝突。對於良性衝突，可以允許它在一定範圍內存在；而對於破壞性衝突，則要及時解決，避免衝突後果擴散。總之，運用科學的方法和策略來管理衝突，破壞性衝突也可「爲我所用」，成爲建設性衝突。

面對企業內部類似的衝突，管理者該如何應對呢？實際上，每個人都有一種被稱爲「統御功能」的潛意識，即喜歡受到尊重，不喜歡聽人擺布，受人壓制，這是人的天性。領導者多方面傾聽意見，虛心接受批評，正是順應了員工的天性，也能激發他們體內的巨大潛能，充分調動全體員工的智慧和經驗。

利用員工的智慧是領導者的本職工作，但是往往有些人缺乏這種團隊意識，他們不會也不能統領全局。有時候，某些老板可能在集中員工的智慧並加以利用時，企圖找到和自己所處條件完全吻合的解決辦法，這是一種苛刻和貪婪的想法。團隊精神的核心是平等對待每一位員工，這種尊重包括對其立場的認可。所以說，作爲領導，平等對待和尊重每一位員工才能讓所有的員工都樹立團隊意識，發揮敬業精神，獻計獻策，貢獻力量。

團結就是力量，這是一條永不過時的眞理。要想成爲一個優秀的員工，就應該團結一致，把自己融入企業中。只有每一個員工把自己融入企業中，才會發揮最大的力量。

其實，只要是社會的一分子，每個人都有其優點，只有各盡所能、各盡其職，避短，將每個人的優勢互補、組合，才能建立一支長勝、無往不利的強大團隊。

責任是人生的一大財富。員工承擔應承擔的責任，履行應履行的使命，盡職盡責地對待自己的本職工作，完美展現自身的能力和價值。責任勝於能力，責任感的缺失比能力不足的後果重，能力可以讓你勝利工作，責任卻讓你創造奇跡。

冒險家是天生贏家

——我們可以受到自然界的任何一種考驗，我們甚至可以死掉，但我們絕不會改變我們的氣節。我們不會像狗那樣卑躬屈膝，不會像貓那樣精靈乖巧，但我們有我們獨特地自由和尊嚴。我們同樣重視我們的生命，只不過，對於生命，我們有我們自己特有的理解。

有位無名氏，說了一句相當震憾人心的話：

「冒險一試！如果成功了，你會得到快樂；如果失敗了，你會得到智慧。」

狼在自然界中認清自己的生存環境而得以生存下來，同樣的，狼的生存法則也適應於人類。生活中，一個人只有正確認識自己的生存環境，才能找到自己的生存法則。人類的生存法則與動物一樣，要想生存，就必須首先去順應生存環境。如果生存環境很惡劣，只有不斷地適應、改變環境，才能在越來越惡劣的生存環境下，得以繁衍。

在動物界，狼知道自己改變不了生存的環境，那麼它們就努力地適應，因此狼很好地詮釋了達爾文「物競天擇，適者生存」的進化論，它們在面對最惡劣的生存環境的時候，充分地發揮了自己的智慧，成了自然界食物鏈的終結者之一。人生活在社會環境之中，每個人都是這個環境的主人，所以，我們應當正確清醒地認識這個環境。

狼憑借甚最堅韌、最強悍、最生猛、最血腥的生存哲學，成爲自然界生命力最旺盛的物種之一。而人類，也應以身爲人的姿態，像狼一樣努力去影響環境，淨化環境，使自己所生活的社會環境樹立起優良的風氣，成爲塑造美好人生的學校。只有適應社會環境，跟上時代潮流的腳步，你才不會被時代淘汰。

狼有一種特殊的本領，在不同的季節，它們身上的皮毛會隨著季節的變化而不斷地變化，這是它們爲了適應變化無常的環境而採取的保護措施，這種不拘泥於現狀的習性讓它們生活得充滿激情。不沉溺過往的安逸，永遠保持旺盛的戰鬥力，學會適應環境、適應變化，它們就有了屹立於大自然的資本。

狼是群居性級高的物種。一群狼的數量爲6～12隻，在冬天寒冷的時候可到50隻以上，通常以家庭爲單位的狼由一對優勢配偶領導，而以兄弟姐妹爲一群的則以最強壯的一頭狼爲領導，它們的生活很有規律。

每天凌晨兩點左右，生活在冰天雪地中的北極狼群的「首領之妻」就會用嚎叫發出「起床」令，其他的狼聽到嚎叫聲後就馬上「起床」，然後低聲回應，相繼站立起來，搖著尾巴，按長幼尊卑的順序彼此親吻互道「早安」，美好的一天就在一聲接一聲的嚎叫聲中開始。然後「首領」率領衆狼出去狩獵。狼之所以如此遵守紀律，實際上是爲了適應北極惡劣的環境。

世間多變的環境，培養了狼的機警、多疑和殘忍的性格。在各種惡劣的環境和條件下，狼不斷地變換著招數，以維持自己最低的生存要求——捕獵到食物。只有有了食物，它們才有了生存的資源，有了生存的力量，然後與惡劣的環境抗衡，與其他的動物競爭，表現出極強的生命力和適應力。

狼還有一個特徵，就是堅定地奉行「隨遇而安」的哲學，永遠適應越來越嚴酷的生存環境。它們不因環境優越的生存之地而戀戀不捨，也不因貧地而棄之擇新。狼族深深知道自己沒有能力改變外界的環境，甚至沒有選擇環境的權利，因此它們不斷地變化著自己的生存法則，努力適應地球上幾乎所有的自然環境，也「適應」了人類的陷阱、毒藥和子彈，讓自己在自然界中立於不敗之地。

如今的社會，充滿了殘酷而激烈的競爭，有時你會被困境包圍，讓你陷入進退兩難的境地；或者爭強鬥狠，勇往直前；或者忍氣吞聲，逆來順受。這是兩種選擇：第一種可以讓你成爲強者，第二種讓你成爲弱者。優柔寡斷是人性的弱點，可是狼不會被這樣的問題所困擾，它們會果斷地選擇做強者，因爲這是狼的生活方式和行爲規範。狼的這種面對困境的精神，值得我們學習和借鑑。

從狼身上，我們可以得到這樣的啓發：在日新月異的時代，只有學會改變自己，放開眼界和胸襟，才能在不斷變幻的社會環境中立足生存，才能在激烈的社會競爭中脫穎而出。

狼是一個被人研究得最深、最廣的動物之一，有人曾借助電子儀器跟蹤、觀察狼長達幾天的捕獵行動。人們驚奇地發現，狼群絲毫不對自己的任務感到厭倦和心煩，它們會持續長達好幾天的時間，用以觀察並監控被它們盯上的獵物。

它們也從不盲目地去追逐或騷擾獵物，它們會善於發現被追獵物中每個成員的身體狀況和精神狀態，並再加以綜合分析。因此，狼在不斷地爲自己尋找機會，並非坐等機遇。

狼是靈活的動物，它知道怎樣用最小的代價，來換取最大的回報。狼的目光敏銳，善於計謀，懂得以智取勝；狼攻守靈活，不幹傻事；該進攻的時候就進攻，該守候的時候就靈活守候，一定不會作無謂的犧牲。有勇有謀，是狼取得成功的重要原因。

當機遇尙未出現時，除了時刻準備之外，我們也應該主動爲自己創造機遇，不能等著機遇上門。培根說過：「智者創造機會。」機會是等不來的，它必須靠我們平時的勤奮經營和努力創造才能獲得；機會也是平等的，關鍵看你是否懂得如何去尋求機會，並且將它變成人生成功的墊腳石。對於我們個人來講，在生活中，需要隨機應變的靈活，有靈活的方法，就能使被動的局面迎來「柳暗花明又一村」。

狼敢於冒險，但也絕不蠻幹，它們總是懂得觀察周圍環境，然後適時出手。在我們爲實現自己人生價值的歷程中，我們先必須認眞地去做，自己給自己創造機會，然後我們還必須以永不放棄的精神執著地去做，只有當我們扎扎實實地做了，我們離自己的人生目標就越來越近，成功也就水到渠成了。

在新的環境中，在星空下，狼把頭多探幾次時，森林的幸運女神就已開始注意它們了。正是這種好奇心，讓狼在新的環境中捕捉到了新的機遇，從而創造出無數奇跡，成爲動物中的強者。

狼的好奇心讓它們對自然界的秘密充滿嚮往，不自覺地去探索。因此我們和狼一樣，人類的許多成功就是好奇心產生的，好奇心是開啓成功的鑰匙。

狼有很強的獵奇心理，獵奇心理也就是我們常說的探索心理。因爲人自從出生就具備了思想，儘管早期只是一種意識，但已經具備了探索的本能，如嬰兒期，他的本能就是餓了吃，因爲他不會用語言來表達，那麼我們就會發現他的每一個動作，都是心理探求的初期表現。他會因乳頭的形態，只要是形狀接近的，首先灌輸到他大腦的印象就是往嘴裡送！當然這是很直觀的，隨著慢慢長大，在此過程中，因爲未知的人和事物，使他有一種想學習的欲望，從感性開始，再到手的觸摸，回饋到大腦，使未知的變爲可知，固然過程是漫長的，以至於伴人一生，好奇就是這樣，那麼引申到獵奇，可以說，只是文字的表述問題，要說區別，就在於「好奇」是本能的，而「獵奇」是帶有強迫意識的性質！

生活就像一本書，每一頁都絢麗、都精彩，同時又最新鮮與衆不同，這種令人嚮往的豐富多彩無時無刻不在吸引著我們，讓我們內心中那個不安分的好奇心蠢蠢欲動，從而帶來了預想不到的新機遇。從古至今，各個大有成就的人，一般都是由他們那份潛意識裡的好奇心激發出來的，而最終創造出一個個讓人拍案叫絕的功績。

英國著名科學家法拉第出生在一個鐵匠家庭，由於貧困，他只念過兩年小學。法拉第12歲就去賣報，他感到很奇怪：人們幹嗎不去買白紙，卻要花錢去買這種印滿了字的紙，而且居然看得津津有味？

於是，法拉第也想看懂那些白紙上的黑字，他便開始頑強地自學。14歲時法拉第進印刷廠當裝訂書的學徒工，他一邊訂書，一邊跟書交朋友。書是不說話的老師，它像磁石般深深地吸引著法拉第。

有一次，他讀了一本名叫《關於化學的對話》的書，對化學發生了濃厚的興趣。他照著書裡講的辦法做起化學實驗來，從此入了迷。他仔細鑽研了《實驗化學》和《大英百科全書》，結果大長見識。法拉第利用印刷廠的廢紙訂成筆記本，摘錄書中的資料，甚至還自己配上插圖。後來，英國的大化學家戴維發現了這位勤奮的訂書學徒工，把他招爲助手，培養他成了科學家。

上帝賜給每個人的機遇都一樣，但正像美麗的玫瑰花帶刺一樣，機遇也伴隨著風險。只有敢於冒險，才能叩開機遇的大門。

當你跨出冒險的第一步時，機遇女神就開始向你招手了。

人生的河流中充滿暗礁、險灘、潛流，只有敢於冒險，蹚過這些航道上的障礙，才能順利到達成功的彼岸。關建時刻冒險，迅速作出決定，才能抓住機遇，贏得人生。

有一句著名的格言：「眞理誕生於一百個問號之後。」這句話本身也是眞理。縱觀幾百年來的科技發展史，那些定理、定律、學說的發現者、創立者都是因爲懷有強烈的好奇心，並且善於學習和研究，才從細小的、司空見慣的現象中發現問題，追根求源，這種好奇心帶領著人們最終找到了眞理。

我們不可能人人都成爲令人佩服的智者，但是我們可以充分調動自己對新鮮事物或者特殊現象的好奇心，通過好奇心的引導，我們可以得到一點啓示，然後執著地尋找發現，摒棄一切紛擾心靈的喧囂，最終你就會捕捉到成功的氣息，這時你就會發現，成功近在咫尺，觸手可及。

創意的價值所在，其實也是智慧價值的體現。聰明的人未必有創意，但有創意的人一定是聰明的。創意來源於人們的好奇心，因此創意所擁有能制造出的價值是無極限的，一個好的創意，往往能使我們在通往成功的路上開闢出一條捷徑。

只要我們懷著狼對新事物的好奇心，在面對新的環境的時候，去勇敢探索求證，那麼奇跡會更多，生活就會更加絢麗多彩。

狼深深知道，無論過去怎樣輝煌，都已成爲歷史，而要生存下去，必須正視現實，活在當下。其實，我們是否能夠適應不斷變化的環境，關鍵在於你是否還沉迷於過去，一個人如果總是留戀過去的生活，那麼他永遠都走不遠，一定要隨時對變化作出反應，即使是冒險，也要勇敢的踏出去，這樣才能成爲生存的強者。

第五章

打造自身優勢成為一種品牌

——狼道：利用環境好好栽培自己

狼道，是披肝瀝膽的忠誠；
狼道，是忠貞不二的節操。

不會逃避責任的人，才會自由

——寧做草原上自由奔放的野狼，也不當馬戲團衣食無缺的老虎。

名作家宣永光說：

「自由與放肆的分別，如同狗與狼的分別；外形固然相仿，性質卻不相似，一個有拘束、守範圍，一個不受拘束、不守範圍。」

一隻瘦弱的老狼拖著疲憊的步子走到一座村莊旁邊，看見一條壯碩的大狗。

狗就上前問狼說：「老兄，你怎麼成這麼個落魄的樣子了？」

狼嘆了口氣，說：「現在生存下來可眞難啊，食物難找，有時候拼了老命也弄不到一口吃的。而且草原上陰晴不定，夏天熱得要死，冬天又冷得要命。這些還都好，最可怕的是還要時時防備獵人設下的陷阱，一不小心，連命都沒了。我長這麼大，連個安穩覺都沒睡過。」

狗聽了以後驚訝地說：「啊？那我可就幸福多了，住在一年四季都溫暖如春的房子裡，而且天天都有好吃的，從來不用擔心肚子的問題。」

狼的眼睛都亮了，羨慕地說：「那你一定要爲主人做很多事情吧？」

狗驕傲地說：「什麼也不用做，只要主人摸我的時候，我把頭靠上去，搖兩三下尾巴就可以了。你如果願意，我可以把你介紹給主人。」

狼高興得剛要答應，卻發現狗的脖子上有一條細細的鐵鏈，一直延伸到狗窩旁邊的一根木樁上，鐵鏈周圍的毛已被磨掉了很多。

「那裡是……？」狼疑惑地問。

「沒什麼，要知道，想生活好是需要一定代價的，這點不算什麼。」狗無所謂地說。

這時候，遠處響起人的腳步聲，狼站起來，向著叢林跑去。

狗趕忙問：「別跑了，我還沒跟你介紹我的主人呢！」

「還是算了吧，如果用寶貴的自由去換取安逸，我還不如在叢林中受點苦。」狼頭也不回地消失在叢林當中了。

狼可說是動物界最驕傲的代表。狼不會爲了嗟來之食而不顧尊嚴地向人搖頭擺尾。因爲狼知道，雖不能有傲氣，但決不可無骨氣。所以，狼有時也會獨自高唱自由之歌——自由是一種心態，自由是一種境界。

狼是群居動物，互相之間和人類的社會類似。一個成熟的狼群，有明確的分工，誰做領袖，誰負責警戒，誰負責探路，誰負責戰鬥，分工明確。每隻狼都各司其職，來不得半點馬虎，狼的責任心都很重，往往在自己堅守的崗位上，寧死不退。

狼都可以如此，人就更應該能夠做到盡職盡責。在我們生活的社會當中，每個人都扮演著自己的角色，在家裡是父母、子女，在公司是領導、員工。每個角色都有自己的責任和義務，角色不同，責任和義務也就不同。我們要想成功扮演我們所承擔的角色，就一定要負擔起這個角色的各種責任來。人生在世，勇於承擔責任被人們奉爲一種最難能可貴的美德，而推卸責任則是最爲世人所不齒的。

三國時期，曹操在一次出征當中，正値小麥快收割季節，曹操嚴禁士兵踐踏田裡的麥子，違令者斬。一天，軍隊有秩序地路過麥田邊的小路，忽然曹操的馬受驚了，衝進了旁邊的田裡，糟蹋了不少莊稼。大家並沒有把這件事情放在心上，但是曹操卻堅持認爲自己觸犯了法令，就應該受到懲罰。於是，拔出劍來要自殺，衆人連忙拉住，苦苦哀求。

最後，曹操說：「我違反了法令，必須要承擔責任，但是如果我現在死了，就沒法完成保衛皇室的事業了，我先把自己的頭髮割下來代替受罰吧。」說完，揮劍割下了自己的頭髮。古代人把頭髮看得很重要，認爲在戰場上被敵人割掉頭髮是和掉頭一樣的恥辱。士兵們看到主帥都如此負責維護軍紀，就更加小謹慎、紀律嚴明了。

曹操是在唱黑臉白臉不重要，在他那個年代，單是這種勇於承擔責任、有令必行的氣度就足以名留青史了。相反地，在現實生活當中，很多人都是利益面前爭先恐後，責任面前避之唯恐不及，這種自私自利的表現是目光短淺而且愚蠢的。責任和機會是孿生兄弟，在你推開責任的同時你往往也就送走了機會。有些人往往爲了追逐一些蠅頭小利而放棄自己的責任，逃避了責任以後甚至還沾沾自喜，殊不知，這樣做最終受傷害的還是自己。

權力與責任是成正比的，你的地位越高，權力越大，往往也就意味著你需要擔負的責任就越大。如果你還沒有鍛造出一顆勇於擔負責任的心，最好也不要對權力、事業產生太大的奢望。

很多人在犯了錯誤以後，有「不停地辯解」的習慣，如果你習慣於說「我以爲」，那麼請馬上改掉，這都是拒絕承擔個人責任的表現。而正確認識自己，專注自己的本職工作，勇於承擔責任，找出自己可能忽視的一些問題，才是你努力成爲一個優秀的人應該做的。

不會逃避責任的人，走到哪裡、去到哪個單位，都是坦蕩蕩的、抬頭挺胸的人，也就是他在工作的職位上，心裡沒有任何負疚感，是一個可以充分享受自由的人。

懂得感恩的人，才是忠誠的伙伴

——上天給了我們強壯的肉體，給了我們堅強的靈魂，給了我們空氣、水和食物，給了我們一切生存的環境。對此，在一生當中我們都懷著最深厚的敬意。

英國有句古老的諺語：

「感謝是美德中最微小的，忘恩負義是惡習中最不好的。」

如果你想活得更快樂，那麼首先你就要學會感恩之心，因爲懂得感恩的人，每天都會心存感激上蒼賜予的每一個日子，用這種謙卑的情懷去對待每一件事，每一個人……眼中只有感謝，沒有無謂的指責與埋怨。

懂得「感恩」，才是快樂的泉源。當你懂得感激、對外在事物充滿感恩，你就不會被擊倒，而會將各種橫逆視爲是一種人生的挑戰。「感恩」的重要性超乎我們的相像，如果你想獲得成功，那麼就得學會感恩。

每天你張開眼的那一剎那，你是否覺得今天又是美好的一天，還是你不這麼覺得？只要把每天都當成是美好的一天，你就會變得開心。下次早上醒來，不妨大口呼吸，感謝自己還活著，還可以有各種作爲，當你能夠以感恩的心來面對一切，你將會發現自己變得更快樂。

許多人常常抱怨自己缺少什麼，卻從來不看看自己已經擁有的，許多人常犯的錯誤，將習慣的事物視爲理所當然。例如，家人、朋友、同事、房子、車子、工作……等等，看不見自己已經擁有的，卻抱怨自己沒有的東西。對於還沒擁有的東西，抱怨是沒有用的，想要，就只能付出越多才能得到。許多人總是希望自己得到之後再付出，錯了！如果你不先付出，何來得到？你總得先證明你值得擁有更多。那些懂得先付出的人，最後總是能夠得到更多。

每一個你經過的時刻都不會再重來，生活就是要懂得接受改變，並且學會感恩。你永遠不知道明天會發生什麼事，你今天擁有的很可能在明天失去，而今天失去的，將來很可能再獲得。因此，接受生命就是充滿改變，但要懂得活在當下。

眞正懂得感恩的人，不會對過去的事物感到後悔，因爲他們明白過去的事已無法重回了。因此，我們能把握的只有此時此刻！學習感恩，你就會發現人生是充滿多彩多姿的美麗。

「謝謝你」「我很感激你」，這些話如果經常掛在嘴邊。你變，周遭的人也會跟著改變。

當你的努力和感恩並沒有得到相應的回報，當你準備職辭調換一份工作時，同樣也要心還感激之情。每一份工作、每一個老板都不是盡善盡美的。在辭職前仔細想一想，自己曾經從事過的每一份工作，多少都存在著許多寶貴的經驗與資源。失敗的沮喪、自我成長的喜悅、嚴厲的老板、溫馨的工作伙伴、值得感謝的客戶……這些都是人生中值得學習的經驗。如果你每天都能帶著一顆感恩的心去工作，相信工作時的心情自然是愉快而積極的。

換句話說，只要是懂得感恩的人，周遭的人一定會認可他，將他視爲是一個忠誠的伙伴。

狼群之所以能夠如此強大，除了組織紀律嚴密、具有團隊精神以外，最重要的一點，就是對集體的忠誠。一旦狼群的首領確定下來，所有的狼都會對首領忠心不二，至死不渝。同樣，忠誠是人類最重要的美德，是一切美德中的基礎。善良、寬容、豁達等等這一切美德都離不開忠誠。

這天，一位阿拉伯王子出席晚宴，回來的時候已經快天亮了。到宮殿以後，發現自己的僕人（也是保鑣之一）正抱著他的鞋子睡在床側的地板上。

王子大爲感動，主人不在的時候，還忠誠地守護著自己的責任。從此以後，王子開始越來越重用這個僕人。後來，王子成了阿拉伯世界的著名君主，而那個抱著拖鞋的僕人，也已經成爲一位叱咤風雲的將軍了。

忠誠是一種特質，能帶來自我滿足、自我尊重，是一天24小時都伴隨著我們的精神力量。人既可以充分控制和掌握無形的自我，引導我們獲得榮譽、名聲及財富，也可能將我們放逐到失敗憂傷的悲慘境地。

忠誠和努力是融爲一體的，就像這位王子的僕人，如果王子只是照顧他提拔他，但他不努力，就算成了將軍在戰場也容易喪命。忠誠是生命的潤滑劑，忠誠的人沒有苦惱，也不會因情緒的波動而困惑。他堅守著生命的航船，即使船就要沉沒，也會像英雄一樣，在歌聲中隨著桅杆頂上的旗幟一起沉沒。

對於企業來說，忠誠能帶來效益，增強凝聚力，提升競爭力，降低管理成本；對於員工來說，忠誠能帶來安全感。因爲忠誠，我們不必時刻繃緊神經；因爲忠誠，我們活得坦率愉快。

如果說，智慧和勤奮像金子一樣珍貴的話，那麼還有一種東西更爲珍貴，那就是忠誠。忠誠於公司，從某種意義上講，就是忠誠於自己的事業，就是以不同的方式爲一種事業做出貢獻。忠誠體現在工作主動、責任心強、細緻周到地體察上司的意圖。忠誠還有一個最重要的特徵，就是不以此作爲尋求回報的籌碼——「理所當然」是忠誠的最高境界。

靈活、求變與借勢

——狼是狂傲的強者，但不是笨蛋，它懂得變通、懂得各種生存策略。

二〇〇九年諾貝爾文學獎得主赫塔．米勒說：

「孩子，別往左看，也別往右看，一直向前看，但要靈活。」

狼具備對變與不變的把握，充分體現狼的智慧。爲了避免更多狼的死亡，爲了使狼群得到足夠的食物，狼群會自覺控制自身的數量，狼群在自然環境惡劣，人類大量捕殺的情況下它會立即改變「生育政策」，允許狼群內部或其他公狼尋找配偶，生育後代，以保證族群的繁衍生息。

狼群捕食的選擇，也體現出了它們靈活變化的智慧，當發現馴鹿數量減少時，就盡量減少捕殺，而轉移目標至其他動物。

生活中，我們要做一個優秀的人，學會靈活應變是必不可少的。而在企業中，要想成爲一個優秀的員工，就更應該學習狼的靈活應變，以智取勝的智慧，使自己不斷地進步與發展。

應變能力是現代人應當具有的基本能力之一。在瞬息萬變的當今社會中，我們每天都要接收來自各方面的信息，如何迅速地分析這些信息，是人們把握時代脈搏、跟上潮流的關鍵。隨著社會競爭的加劇，我們所面臨的變化和壓力也與日俱增。

每個人都可能面臨來自各方面的困擾。只有努力提高自己的應變能力，才能保持健康的心理狀況，並有效化解來自各方面的困擾。

我們每個人的應變能力都不盡相同，造成這種差異的主要原因，一方面是先天的因素，另一方面也有後天的因素，如長期從事緊張工作的人比工作安逸的人應變能力高些。因此，應變能力也是可以通過某種方法加以培養和提高的，如多參加富有挑戰性的活動。在實踐活動中，我們必然會遇到各種各樣的問題和困難，努力去解決問題和克服困難的過程，就是培養和增強應變能力的過程。

變與不變，以不變應萬變，以萬變應不變。我們只是從狼身上發掘這種智慧——這種很少有人掌握的智慧。對現代員工來說，只是按部就班地完成眼前的工作顯然不夠。在這個競爭激烈的時代，只有那些不僅把自己的本職工作做得十分出色，在其他方面也能爲公司、團隊做出貢獻的員工才是優秀的員工。

范蠡是戰國時期的名臣、名商，他從官場退下來之後，在剛開始做生意時，由於本小利微，一直難以做大。後來運用借勢經營法，很快致富，成爲遠近聞名的大富豪。一日范蠡獲悉吳越一帶需要好馬。憑對市場的了解，他知道，在北方收購馬匹並不難，馬匹在吳越賣掉也不難，而且肯定能賺到一大筆錢。問題就是把馬匹運到吳越卻是眞的很難，千里迢迢的，人馬住宿費就先不說，最大的問題是當時還處在兵荒馬亂時期，沿途強盜很多，怎麼辦？他通過市場了解到當地有一個很有勢力、經常販運痲布去吳越的巨商姜子盾，姜子盾因常年販運生意早已用金銀收買了沿途強人，於是他把主意打在姜子盾的身上。

這一天，范蠡寫了一張布告，張貼在城門口。其意是：范蠡新組建了一個馬隊，開業酬賓，可免費幫人向吳越運送貨物。不出所料，姜子盾主動找到范蠡，求運痲布。范蠡滿口答應。就這樣，范蠡與姜子盾一路同行，貨物連同馬匹都安全到達吳越，馬匹在吳越很快賣出，范蠡也因善於借勢，把握商機而大賺了一筆。

喬治．約翰遜是美國弗雷化妝品公司的一位推銷員，由於看到黑人化妝品市場需求旺盛，有良好的發展前景，便網羅幾名同伴，辭去弗雷公司的職位，成立了自己的化妝品公司。但是，在二十世紀70年代，弗雷化妝品幾乎統治著整個美國黑人化妝品市場，如果像通常那樣採用開發系列產品的辦法來同弗雷公司競爭是不可能的。於是，喬治．約翰遜與同伴集中精力研制出一種有特色的產品，即特別適合黑人使用的粉質化妝膏。產品生產好了，如何賣掉它呢？喬治．約翰遜決定採取一些借勢經營的策略，經過深思熟慮以後，他設計出這樣一句出人意料的廣告語：

「當你用弗雷公司的產品化妝之後，再擦上一點約翰遜的粉質化妝膏，將會收到意想不到的效果。」

起初的時候，約翰遜這一非同凡響的舉動遭到了其同伴們的抱怨：「我們自己的廣告，爲什麼要替別人宣傳呢？」約翰遜回答說：「打個比方，現在全美國沒有幾個人知道我約翰遜，假如我有辦法同美國總統站在一起的話，馬上就會引起人們的注意。同樣，現在黑人化妝品市場上，弗雷公司的名氣最大，在廣告上與他們相提並論，不正是提高我們知名度的捷徑嗎？」

看到約翰遜的這則廣告，弗雷公司的反映也非常滿意，不僅沒有採取任何反擊措施，而且還完全陶醉在被人追捧的快樂之中。消費者在弗雷品牌的號召力下，自然也非常樂意順便接受了約翰遜的產品。就這樣，約翰遜粉質化妝膏的市場占有率迅速擴大。在此基礎上，約翰遜悄悄地採取第二步行動，接連推出能改善黑人皮膚乾燥和頭髮缺乏亮度的「頭髮潤絲精」和「卷髮噴霧劑」，以及同時具有美容和防曬護膚兩大功能的系列產品。過了幾年以後，約翰遜的化妝品把弗雷公司的部分產品擠出了黑人消費者的化妝台了。

約翰遜是一個非常有膽識、有勇有謀的大智者，他依靠著強者的名聲，先在市場上闖出一塊立足之地，爾後不斷發展，最後成爲勝者。這種「借光謀略」對於創業初期的小企業來說，眞是一條制勝的捷徑。

欲擒故縱、出奇致勝

——我們生活在荒蕪的草原上，命中注定我們要與各種大型動物鬥爭，經歷過挨餓的痛苦和獵物的誘惑，讓我們知道了什麼是戰場，什麼是生和死的考驗。

古希臘哲學家柏拉圖說：「凡是帶有欺騙性的東西，總是起一種魔術般的迷惑作用。」

狼深知，要想捕獲獵物，必須付出一定代價，有時需要暫時放縱獵物，以等待時間、創造良好的條件。「縱」只是手段，「擒」才是目的，如果逼得「窮寇」狗急跳牆，垂死掙扎，而狼又要損兵失地，這是不可取的。所以，若想擒住對手，不妨先網開一面，縱其奔跑，先給它一點甜頭，待時機一到，狼就可以滅敵於無形之中。

埋伏，是狼經常採用的一種捕獵手段。它們經常會在水草豐美、食材豐富的地區布置包圍圈，以逸待勞來等待獵物。不過狼這種動物追求利益的最大化，它們不會看到一兩隻獵物走進了埋伏圈就貿然出擊，因爲它所面對的獵物也十分狡猾，獵物群一般會首先派出一些身強體壯、逃跑速度很快的年輕傢伙來試探周圍是否有埋伏，如果捕獵者在此時忍耐不住飢餓的煎熬和眼前利益的誘惑，那麼很可能連走進埋伏圈的獵物也得不到。

在誘敵深入這一點上，狼顯然比其它動物要技高一籌，由於體形較小，它們可以輕易地伏在草叢中而不被獵物發現，良好的抵抗飢餓的能力和隱忍的個性，使它們可以忍耐到獵物族群已經完全地進入包圍圈，再開始捕獵行動，而這時它們則會用忍耐了許久的尖牙和利爪，毫不留情地將之前因爲忍耐而受到的煎熬發洩出來，從而獲得足夠的食物來維持狼群的生存。

通常情況下，在面對比較強大的對手時，狼會愼重地考慮利益的得失，如果損失太大甚至是得失不平衡，狼一般都會放棄這次行動，尋找今後的契機，同時令它的對手產生一種驕橫和放鬆的心理。

比方說同一塊狩獵場地，來了一隻老虎和幾隻狼，在老虎的威脅下，狼會故意逃掉，但如果老虎是年老體衰、或在捕食中生病受傷了，狼群就會向驕橫的老虎發出挑戰，而這時疏於防範的老虎，卻沒有做好應對的準備，在狼的攻擊下只好灰溜溜地放棄了這塊領地。

這種通過放縱對手，使對方變得得意忘形、喪失平常的戒備心理而最終被打敗的策略，體現了一種爲了生存的狩獵智慧。

在競爭中，如果你希望能夠最大限度上打擊對方，那麼就要有足夠的耐心，誘敵深入，這不僅可以給自己充裕的準備時間，還可以讓對方陷入不利的境地之中。

如果對手驕橫自大、得意忘形，那就是你打敗對手的最佳時機。把對手逼入絕境會造成兩敗俱傷的局面，網開一面，放虎歸山，等待對手鬥志懈怠、放鬆戒備時，可以乘機戰勝對手。

我們都知道，團隊精神就是狼性的最本質體現，群狼就像是一家公司，而每一家公司都恰似一條船，每個人都應做好掌舵的準備。全體船員中沒有哪位會因爲其是個性突出的划槳者而大受嘉獎。正是個人對集體的努力奉獻，使一個團體運轉、一家公司運轉、一個社會運轉。團隊精神不是靠高談闊論和深奧的推理得來的，而是將積極的態度、共同的目標和經驗，融於一體並付諸實踐的結果。

這就是智慧，而狼的智慧是人類無法想像的。在遇到問題時，它們會先進行一番理性的思考，然後再採取相應的行動，做到三思而後行，以達到行動的最終目的。也就是說，它們是絕對冷靜的，在冷靜下來後，它們就會變得更加理性。所以，它們總是會成功，而且這樣的成功往往都是最好的成功。

狼群為實現目標所使用的策略是不斷變化的。它們有時會使用特別複雜的戰術來捕殺獵物。

一群由八隻狼臨時組成的獵捕麝香牛群的團體，正在驅趕著牛群往高地平台上奔逃，當這群麝香牛到達高地頂端的時候，它們就會被兩隻看起來鐵石心腸且不帶感情的狼擋住去路，這些麝香牛驚慌失措地開始四處奔逃，從而失去了群體的保護性。

而正當這群麝香牛四處驚慌奔逃之時，六隻狼早已撲向那些虛弱而且無法受保護的麝香牛，有一隻狼緊跟在後面，還有另一隻狼在前頭，其他的狼則來到空地，搏鬥迅速結束了。

這些麝香牛一向都太過依賴群體的保護，又沒有充滿技術性的攻擊計劃。香麝香牛群比起來，狼群小得多，可是狼群有欲擒故縱的策略，並且能夠實施，因此，最後贏得了勝利。

春秋戰國時期，被孔子評為「作風不正派，喜歡耍手段」的晉文公，欲聯合秦穆公圍攻鄭國，這是因為鄭文公曾對晉文公無禮，而且還依附楚國。

鄭國的謀士佚之狐知道了，馬上向鄭文公說：「國家危險了，如果派燭之武去見秦君，秦國軍隊一定會撤退。」

鄭文公聽了他的意見。但燭之武卻因爲在年輕時沒有得到重用而推辭說：「臣在壯年的時候，尚且不如別人，現在老了，做不了什麼事了。」

鄭文公此時也不得不收起國君的架子，謙虛地拜託他：「我沒有及早重用您，現在危急時才來求您，這是我的過錯。然而鄭國滅亡了，對您也不利啊！」

燭之武知道如果想見秦穆公就需要用非常方式，他用繩子把自己從城牆上墜下去見秦穆公。秦穆公見到燭之武後，很是吃驚。但隨之已明其來意。燭之武知道自己用平常的語言很難說服秦穆公，就採用了「欲擒故縱」之法：

「秦、晉兩國圍攻鄭國，鄭國已經知道就要滅亡了！如果鄭國滅亡對您有好處，那就不值得煩勞您的左右，越過其他國家而在遠方設置邊邑，您知道這是很困難的。哪能用滅鄭來加強鄰國呢？鄰國實力雄厚，就等於您的力量薄弱啊。如果不滅鄭國而使它成爲您東方道路上的主人，貴國使臣來往經過，供應他們的食宿給養，這對您也沒有壞處。再說您也曾經施恩於晉惠公，他答應給您焦、瑕兩地，可是他早晨剛剛渡河回國，晚上就在那裡築城防禦，這是您所知道的。那個晉國，哪裡有滿足的時候？它既以鄭國做成東邊的疆界，又要擴張它西邊的疆界，如果不損害秦國，它到哪裡去奪取土地呢？損害秦國而有利於晉國，希望您還是多多考慮這件事。」

如此長篇一論，秦穆公當然得要考慮。其實，燭之武在這段話中最高明的地方就是運用了「欲擒故縱」，他先是明言鄭國根本就不是強大秦國的對手，示弱之後，再陳述這其中的厲害，最後，成功說服了秦穆公。

狼在捕捉獵物時常常出奇制勝。出奇制勝也就是謀略，核心在於辯證地看待「奇」與「正」之間的關係，不要以爲一次的奇招制勝，便認爲此招將永遠是奇招可行；反之如果以爲這是常用的戰法，就永遠不可能達到出奇制勝的效果，而是要隨情況的變化變換戰法，從而達到正變奇、奇變正，奇亦勝、正亦勝的一個出神入化的境界。

一個顧客在酒店喝酒，他喝完第二杯後，轉身問老板：「你一星期能賣多少桶啤酒？」

「35桶。」老板得意洋洋地回答說。

「那麼，」顧客說：「我倒想出一個能使你每星期賣掉70桶啤酒的方法。」

老板很驚訝，忙問：「什麼方法？」

「這很簡單，只要你將每個杯子裡的啤酒裝滿就行了。」

老板聽了很是尷尬，臉馬上就紅了，因為他做生意老是偷斤減兩。

其實，這位顧客的本意是指責老板賣的啤酒只有半杯，但他利用老板「厚黑」的心理，巧妙地設下一個「圈套」，讓老板不知不覺地鑽進去，然後出其不意地指責老板的行為。

知己知彼，百戰百勝，不但要瞭解別人，還要瞭解自己，只有這樣才能客觀地分析現狀，出其不意，攻人於不備，轉危為安。也因此，在生活中，對於這種智慧，我們一定要好好掌握和運用，也僅如此，我們才能有百戰百勝的結果！

攻其不備，出其不意，以奇制勝，打破常規，用對手意想不到的新奇手段戰勝對手，以變應變，也正是宇宙間一切事物運行的普遍規律。唯物辯證法認為，宇宙間萬事萬物都是發展變化的，唯有發展變化的這個規律是不變的。出奇制勝強調的是變化，反對的是模式化。也就從這點看來，「攻其不備，出其不意，出奇制勝，打破常規。」不但是一個可以廣泛運用的法則，而且是一個永恆的法則，永遠不會過時。

隱藏實力、迷惑對方

——狼不會拿雞蛋去碰石頭，在時機不成熟的時候，狼也不會貿然去攻擊比它強大的獵物。狼在寂靜中潛伏，然後它會在不經意間給敵人致命的一擊，一戰成功。

《茶花女》的法國小說家小仲馬說——

頭腦是狹小的，而它卻隱藏著思想；

眼睛只是一個小點，它卻能環視遼闊的天地。

最高明的獵手往往能善於隱藏自己的行蹤，可以在獵物毫無防備的狀態下先發制人，迅速捕獲獵物。隱藏意圖是保護自己、迷惑對手的必要手段，它直接關係著競爭的成敗。不露聲色，僞裝潛伏，可以迷惑對手，產生出神入化、出奇制勝的效果。

作爲在自然界中生存的一個獵手，無論是獅子、豹子，還是荒野一匹狼，首先要學習的一項就是隱藏行蹤。只憑借四條腿去死死地追趕獵物是絕對不可能成功的，而善於隱藏行蹤的獵手則可以在敵人毫無防備的狀庛下先發制人，利用肉食動物良好的爆發力來獵取食物。因此，隱藏好行蹤是迷惑對手的必要手段，它直接關係著捕獵活動的成敗。

說到動物界的隱藏行蹤，就不能不說狼，因爲狼是動物界中善於隱藏行蹤的佼佼者。首先從自然條件上來說，狼的體形很小，在潛行前進時很難被發覺；另一方面，不同地區、不同種類的狼會根據當地自然條件的特點而形成自身不同的毛色，比方說在高緯度地區，由於那裡冰天雪地，狼的毛髮一般都會是白色的；而到了非洲草原上，狼的毛髮則是泛黃的斑雜色，這樣可以很好地達到隱藏行蹤的目的。

在茫茫的大草原上，在衆多的生物中，狼就是草原上的王牌。生活在草原上的狼都很明白：如果草場在減少，而我是一隻羊，那麼我想吃的不再僅僅是草，我會磨尖牙齒，去尋找生肉。然而找到生肉，它們不會盲目地進攻，而是對難得的獵物布下天羅地網，讓獵物無法逃脫。狼講究天網恢恢疏而不漏，因此它們才能在競爭激烈的環境中生存下來。

狼與獵物的關係，與警察和小偷的關係差不多，前者爲了抓住後者，會想盡一切辦法設下天羅地網，讓後者無法遁形。但是要想做到這一點，必須要有智慧，狼是很有智慧的動物，狼讓羊無法逃脫，這就是食物鏈，這就是自然的規律，狼要想不餓肚子就要對羊布下天羅地網。而人也如此，要想在這個競爭日益激烈的社會生存，也要充分地利用聰明的頭腦，網羅更多對自己的發展有益的有價值的東西。

我們都知道大草原上的狼，也不是出生就有一具健壯的身體，一個聰明的頭腦，一顆堅定的心，這都是後天鍛鍊和學習而來的。也就是說經歷過困難洗禮過的狼，才能在追趕獵物的時候才能得心應手，獲得美食。

人也是一樣的，爲了出人頭地，就要從小開始學習各種知識，仔細觀察身邊的事物，經歷一些事情，然後才能成爲一個有故事、有才華、有膽識的——像狼一樣的強者，才能在這個充滿競爭的時代，演繹自己的風采。

《三國演義》中有一段「曹操煮酒論英雄」的故事。當時劉備落難投靠曹操，曹操很眞誠地接待了劉備。劉備住在許都，在「衣帶詔」簽名後，爲防曹操謀害，就在後園種菜，親自澆灌，以此迷惑曹操，放鬆對自己的注意。

一日，曹操約劉備入府飲酒，議起誰爲世之英雄。劉備點遍袁術、袁紹、劉表、孫策、張繡、張魯，均被曹操一一貶低。曹操指出英雄的標準——「胸懷大志，腹有良謀，有包藏宇宙之機、吞吐天地之志。」劉備問：「誰人當之？」曹操說：「天下英雄惟使君與我。」

劉備本以韜晦之計棲身於許都，被曹操點破是英雄後，竟嚇得把匙箸丟落在地下，恰好當時大雨將至，雷聲大作。曹操問劉備爲什麼把筷子弄掉了？劉備從容俯拾匙箸，並說：「一震之威，乃至於此。」曹操說：「雷乃天地陰陽擊搏之聲，何爲驚怕？」劉備說：「我從小害怕雷聲，一聽見雷聲只恨無處躲藏。」

自此，曹操認爲劉備胸無大志，必不能成氣候，連個雷聲都嚇成這副德行……也就未把他再放在心上了，劉備巧妙地將自己的惶亂掩飾過去，從而也避免了一場劫難。

在楚漢相爭最爲激烈的時候，各路諸侯已經看清楚當時的局勢。他們自知力量不敵劉邦、項羽，便密切注意戰爭動向，尋找靠山。

西魏王豹，本已投靠劉邦，後見漢兵受挫，就轉而投靠項羽，聯楚反漢。大將軍韓信舉兵攻打西魏，大軍進至黃河渡口臨晉關。西魏王豹派重兵把守臨晉關對岸的蒲坂，憑借黃河天險，緊守度日，封鎖臨晉關河面，森嚴壁壘。

善於打仗的韓信深知，如果自己的大軍從臨晉關渡河，結果便會損失慘重，難以成功。他便決定避實而擊虛。他佯裝準備以臨晉關渡河決戰，調集人馬，趕造船隻，派人沿黃河上游察看地形。經過認眞調查，韓信決定從黃河上游夏陽渡河，那裡地勢險要，魏兵守備空虛。韓信一面命大軍向夏口調集，一面佯裝從臨晉關渡河，派兵丁擂鼓吶喊，推船入水，做出一番欲強攻的樣子。魏軍無論如何也沒想到，就在漢軍佯裝大舉強渡的時候，漢軍已在韓信率領下從夏陽渡河後，直取魏都平陽，等到西魏王豹得到消息，派兵堵截漢軍，已經來不及了。漢軍生擒西魏王豹，占領了西魏。

孫子兵法說：「夫兵形象水，水行避高而走下，兵勝避實而擊虛。」孫子認爲，用兵的規律好像水的流動，水流動時是避開高處而流向低處，作戰的規律是避開敵人堅實的地方而攻擊敵人的弱點。能採取敵變我變而取勝的，就叫用兵如神。

狼並不否認老虎和獅子的強大，但是個體的強大並不能代表眞正的強大。獅子太過於凶殘，老虎有時候又太仁義……而狼的家族卻避免了它們的種種缺陷，目光敏銳，勇猛頑強，善於計謀，有江湖上的霸主之實，這也絕非浪得虛名。

務實作風，王者風範

——狼的血管裡流淌著高傲的血液，它們的領地不允許任何人踐踏，它們不需要別人的施捨，寧可高傲地餓死，也不接受嗟來食！

英國幽默文學名作家蕭伯納說：

「自由意味著責任，這就是爲什麼大多數人都畏懼它的緣故。」

狼的成功起點就是它那狂野不羈的個性，永遠保持著一種不被馴服的精神，戰勝一切艱難險阻，在戰場上揮灑英雄的光芒。狼亦如此，人更應該如此，不是嗎？在這個充滿激烈競爭的年代，一個沒有個性的人怎麼能在職場生存，怎麼在這個社會上立足？因此，我們只要擁有狼的精神，就可以在廣闊的天地間馳騁。

有一個人死後，在去天堂的路上，遇見一座金碧輝煌的宮殿。主人請他留下來。

這個人說：「我在人間辛苦了一輩子，現在只要有個能吃又能睡的地方，可以不必做任何事，我就會很快樂了。」

主人答道：「好極了！這裡有山珍海味，有舒適的床鋪，吃、睡隨意，沒人阻攔；而且，我保證沒有任何事情要你做。」於是，這人高興地住下了。

起初，他感到很快樂。漸漸地，他覺得有點寂寞、空虛。於是去見宮殿的主人，抱怨道：「這樣的日子過久了也沒意思，對這種生活我已經沒一點興趣了。你能不能爲我找一份工作。」

宮殿的主人答道：「抱歉，我這裡從來就不曾有工作。」

又過了幾個月，他實在忍不住了，又去見宮殿的主人：「這種日子我實在受不了了，如果你不給我工作，我寧願去下地獄去，也不住這兒了。」

宮殿主人輕蔑地笑了：「你以爲這裡是天堂？這裡本來就是地獄啊！」

安逸的生活原本就不是天堂，整天無所事事，毫無目標，它可以漸漸潰滅你的理想，消磨你的意志，腐蝕你的心靈，最終讓你變成一具行屍走肉的屍體。如果這樣，可以說你已經被馴服了，成爲魔鬼的跟班，這樣的日子是可悲的，沒有了自由可言。相比之下，那些日理萬機的人卻朝氣蓬勃，充滿了生氣，因爲他們整天奔赴在職場上，爲了自己的理想而奮鬥著，這樣的人會像金子一樣發光，有無限的生命力。

狼說：「我絕不會用人格來換取施捨，我寧願向生活挑戰也不願過著有保障的生活，寧願要達到目標時的激動而不願要毫無生氣的平靜；我不會拿我的自由去與慈善做交易，也不會拿我的尊嚴去與施捨的食物做交易；我絕不會在任何大師的面前發抖，也不會被任何恐嚇所屈服。我們的敵人永遠只有一個，那就是我們自己。我的天性是挺胸立地，驕傲而無所畏懼，勇敢地面對這個世界，請相信我們，相信自己，相信這個世界會因我們而不同，因我們而更加的精彩。」——

這就是一隻眞正的狼，這就是王者的風範！

一隻眞正的狼，它的眼睛裡會閃爍著野性的光芒，它生活在茫茫的天地之間，時時需要戒備，刻刻需要謹愼，因爲它的生活圈到處是戰場。它喜歡獵殺，因爲獵殺可以讓它變得更加強大，能夠贏得自由，它不喜歡安逸的生活，那樣會讓它退化成一隻搖尾乞憐的狗。

因此，狼寧可戰死沙場，也不會委曲求全，做一隻搖尾乞憐的狗。狼的這種崇尙自由的氣節，狼身上所顯現出的這種野性光芒，令我們肅然起敬，讓我們不禁想到了孟子所說的「富貴不能淫，威武不能屈，貧賤不能移」的高貴氣節。

即使我們一次次身處廢墟，遭遇逆境，但我們仍然會掙扎著站起來，依舊保持著高昂的激情，我們一生都在不斷地向高處攀登。我是一隻天生帶著霸氣的狼，這就是強者的氣量。當我置身於群山之巔而對天高地闊，沒有誰會看見我猙獰的微笑。

狼在擊敗一隻獵狗的時候，它沒有放鬆警惕，因爲危險依然存在，就算它打敗了所有的獵狗，它仍然保持著戰鬥的姿勢，因爲它要把勝利堅持到最後，狼這種爲了榮耀尊嚴戰爭到最後的精神，眞是讓人感動萬分。

因此，在當今這個充滿競爭的社會裡，只有不斷地奮鬥，才可出類拔萃，被人尊重。任何時候，只要你稍微有一點自滿，就等於你對自己發出了一條「停止前進」的命令。任何時候，成功都是過去式，過分注重過去，再優秀的人物也會被後起之秀取而代之。所以，我們一定要不斷地奮鬥，不斷地超越自我，這樣才能讓榮耀與尊嚴並存。

有這樣一則禪宗故事：

一個年歲已高的僧人，在烈日下做工。

一個路人走過來問僧人：「師父，你多大年紀了？」

僧人回答說：「今年剛滿70歲。」

路人又問他：「既然這麼大年紀了，爲什麼還做這麼累的工作？」

老僧人回答說：「因爲我存在。」

路人又說：「又何必在太陽底下做工呢？」

僧人回答說：「因爲太陽存在。」

老僧人的話，似乎有點讓人摸不著頭腦，很深奧，但是卻給人一個最淺的啓示：既然生命不息，就應該奮鬥不已，超越自我，才能讓尊嚴與榮耀並存。而老僧人自己，也是以一種非常樸實的方法在不斷超越自我，可以說他是強者。

狼出生後，享受母親的照顧是很短暫的，只要小狼能夠行走，狼媽媽就會把它們放逐到外面，讓它們獨自去經歷風雨。外面的世界充滿了危險，小狼的心靈遭受著難以忍受的折磨，它隨時都要經受凶猛動物的襲擊，在這樣的危險環境中，一不小心小狼就會成為其他動物的獵狗。

面對嚴峻的環境，有些小狼咬緊牙關，抵抗住了嚴寒和飢餓的折磨，勇敢地生存了下來：有些小狼意志力很薄弱，經受不起風雨的打擊，在外面無法生存，只能慌忙地逃回母親的懷抱。但是逃回來的小狼並不會因此而受到狼媽媽的照顧，狼媽媽不會因為小狼那可憐巴巴的凝望而將它收留，還是會狠心地把它們趕出去，讓它們繼續接受外面世界艱難險阻的洗禮，這樣才會培養它們在最短的時間內學會自立的能力。狼的野性也正是在這種自強不息、自食其力的生存狀態中磨練出來的。

因此，狼從學會走路的第一天起，就開始接受了生命中的第一次挑戰——獨自覓食。狼媽媽知道，如果今天不讓小狼出去接受飢餓的挑戰，不去適應外面艱苦的環境，那麼明天，它們就不能自立自強，在沒有父母的保護下就會被凍死、餓死，被獅子、老虎以及獵豹等強大的動物吞噬它們的生命。

狼媽媽之所以痛下決心讓小狼獨自經歷風雨，是為了後代的生存，培養它們自食其力的本領，是為以後的生存作準備。只有經歷苦境、險境、逆境的磨練，狼的生命力才會更加旺盛，意志才會更加堅強。

美國總統約翰·甘迺迪之所以成為美國總統，這與他父親從小對他的教育有關，他小的時候父親就注意對他獨立性格與精神狀態的培養。

有一次，甘迺迪的父親趕著馬車帶他出去遊玩。在一個拐彎處，由於馬車速度太快，突然把甘迺迪甩了出去。當馬車停住時，他以為父親會下來把他扶起來，但父親不但沒有下車，還坐在車上悠閒地吸起了菸。

「爸爸，快來幫我。」甘迺迪喊道。

「你摔疼了嗎？」

「是的，我自己感覺已站不起來了。」甘迺迪幾乎要哭了。

「那也要堅持站起來，重新爬上馬車。」

甘迺迪掙扎著自己站了起來，搖搖晃晃地走近馬車，艱難地爬了上來。

父親搖動著鞭子問：「你知道我為什麼讓你這麼做嗎？」

甘迺迪搖了搖頭。

父親接著說：「人生就是這樣，跌倒、爬起來、奔跑，再跌倒、再爬起來、再奔跑。在任何時候都要全靠自己，沒有人會去扶你的。」

從那時起，甘迺迪的父親就更加注重對甘迺迪的培養，如教他如何向各人打招呼、道別，與不同身份的客人應該怎樣交談，如何展示自己的精神風貌、氣質與風度，如何堅定自己的信仰等。有人問他：「你每天要做的事情那麼多，怎麼有耐心教孩子做這些雞毛蒜皮的小事？」誰料約翰．甘迺迪的父親一語驚人：「我是在訓練他當總統。」

在人生旅途上，沒有人會比自己更靠得住，一個連自己都不能依靠的人，還指望靠誰呢？人需要自強自立，像小狼一樣堅強勇敢地在惡劣的環境中求生存，這樣才能讓自己的生活更加充實、更加精彩。

第六章

沒有奮鬥的人生，算什麼人生

——狼道：勇敢是最好的朋友

狼道，是傲骨錚錚的天性；
狼道，是中流砥柱的本色。

勇者無敵

——永不言敗——狼在獵殺的時候，常常會遇到獵物的拼死抵抗，一些大型獵物有時還會傷及狼的生命。但只要狼鎖定目標，不管跑多遠的路程，耗費多長時間，冒多大的風險，它是不會放棄的，不捕獲獵物誓不罷休，永不放棄。

德國作家，一九二九年諾貝爾文學獎得主湯瑪斯．曼說：

「對樂於奮鬥的人來說，奮鬥不是憾事，而是快樂的事！」

哥倫布年輕的時候，曾經過著海盜的生活。他的父親是一個毛織工匠，生了七個兒女，哥倫布是長子。哥倫布從小喜歡大海，嚮往航海，非常愛聽水手的故事，後來他偶然讀到一本畢達哥拉斯的著作，知道地球是圓的，他就牢記在腦子，加之受到《馬可波羅遊記》的影響，十分希望能親眼目睹東方大國的富庶與繁華，經過長時間的思索，萌發了橫渡大西洋，從最短的路程到達東方印度的念頭。

自然，他這個幻想很快便受到了包括有名的大學教授和哲學家們的取笑，人們像對待一個白癡那樣，告訴他「一加一等於二」的常識：地球不是圓的，而是平的，他要是一直向西航行，他的船將駛到地球的邊緣而掉下去……這豈不自取滅亡的愚蠢之舉？

而哥倫布卻偏不相信這一套，一四八四年他正式向葡萄牙國王提出航海計畫，頓時一頂頂惡毒的帽子，向他扣來：「一個無知的人」、「狂想家」、「白癡、瘋子」！王公大臣惡劣的中傷，不僅使他的計畫成了泡影，而且使他遭受污辱。

哥倫布並沒有氣餒，一四八四年他來到西班牙，將探險的計畫遞到王宮中去，卻泥牛入海，遲遲沒有消息。於是他又將計畫送給英、法國王，還是杳無音訊。這時候哥倫布早已囊空如洗，他想得到宮方的支持，助他成功，卻一直等了十七年，憂慮和失望，竟使他的頭髮都完全變白了，可等待他的卻還是只有失望、失望……

一四九二年4月，西班牙國王和王后，在取得對外戰爭的勝利後，為顯示國威，終於同意賜給哥倫布船隻，資助他去從事這項冒險的工作。然而，另一個難題又接著出現了：水手們都怕死，沒有人願意跟隨他去。哥倫布又鼓起勇氣，跑到海濱，強行地捉住幾位水手，死磨硬纏地向他們哀求、勸告，甚至恫嚇威逼。另一方面，又懇求國王釋放獄中在押的死囚，允許他們如果冒險成功，就可以免罪恢復自由。好不容易才準備了一支八十八人的隊伍，分乘三條船，開始了冒險的航行。

在茫茫無邊的大海，日復一日，抱著希望的水手們的心情，都開始變得沈重了，可前面還是只有茫茫無邊的波濤。水手們的情緒終於開始波動起來了。一天，一名水手發現有一些「青草」從船邊流過，以爲離陸地不遠了，大家的情緒頓時高漲起來。船隊繼續航行，「青草」地越來越多，然而陸地卻始終沒有出現，原來這是一種海藻，分布在四百五十萬平方公里的海面上，船隊航行了三個星期，才把它留在了後面，而前方仍然是一片蔚藍……

水手們都以爲受了欺騙，再也堅持不住了，紛紛鼓譟著要求返航，而且情緒越來越激烈，最後甚至「老羞成怒」地警告哥倫布，再不返航，就要集體叛變把他殺了丟到海裡！哥倫布的答覆卻始終只有一句話——

「進啊！進啊！前進啊！……」

在萬分危急的關鍵時刻，哥倫布以超人的勇氣執掌航舵，哪怕是朝著死亡的浪谷駛去，他也依然顯得無所畏懼，勇往直前。

沒有這樣一份百折不回的傑出膽量，就不能領略到第一個發現新大陸時那份激動人心的狂喜，更不會在世界歷史上，出現哥倫布這樣一個世代被人稱頌的名字。

一隻綿羊被狼殺死以後，靈魂來到天堂，它對上帝抱怨說：「你是如此的不公平，狼跑得那麼快，我根本就逃不掉，我下輩子再也不要做綿羊了。」

上帝說：「好啦，好啦，我答應你，我將給你強壯的四肢，不但跑得快，而且後腿還能做成攻擊的武器。」

於是，上帝把綿羊變成了兔子，擁有了強健四肢的兔子十分高興，在野外蹦蹦跳跳，沒想到草叢裡忽然又跳出一隻狼。兔子嚇得全身發軟，一步也跑不動——結果，又成了狼的美餐。

兔子的靈魂又上了天堂，對上帝抱怨說：「狼有鋒利的牙齒和尖銳的爪子，我卻什麼武器也沒有，請您再給我一件有力的武器吧！」

上帝又答應了兔子的要求，把它變成了一隻擁有長而鋒利犄角的羚羊。

羚羊又回到了草原上，一邊吃草一邊高興地想：「這下好了吧，我跑得比狼快，而且還有比狼的牙和爪子更厲害的武器，再也不用害怕狼了。」

不幸的是，這隻羚羊又碰到了狼，它馬上嚇得癱軟在地，連叫的聲音都發不出來。狼毫不客氣，撲上來把羚羊殺死吃掉了。

羚羊的靈魂又到了天堂，還沒開口——

上帝就嘆息說：「你不用再說什麼了，就算我把你的全身都變成武器，那也只是一個空殼，裡面沒有一個勇敢的靈魂，你就永遠不是狼的對手。」

在草原上，即使我們什麼都沒有了，我們也要有勇氣。

勇氣是我們最大的財富，有了勇氣就可以得到一切。

很多人都有成就大事業的能力，但是爲什麼最後取得成功的卻只有一小部份人，缺乏勇氣是其中重要的一個因素。沒有了勇氣，哪怕你有再多的知識，再強大的體魄，也都無濟於事。

勇氣不是一時的血氣之勇，而是建立在冷靜與智慧基礎上的。很多人碰到危機的時候，爲了顯示自己的勇氣，往往通過結束自己生命的方式來顯示勇氣，來表達對命運、對現實的不滿。其實，這不僅不是有勇氣的表現，反而是最懦弱、最不負責任的表現。試現，若是你連死都不怕了，難道還怕活下去嗎？你連死都不怕了，還有什麼能讓你害怕的？

人們普遍存在一種錯誤的思想：勇氣是天生的，有些人生來勇敢，有些人則生來懦弱，而且很難改變。事實上，勇氣大部份靠的是後天的培養。像懼高症的克服，就是個人勇氣的自我培養過程。不僅僅個人的勇氣可以培養，我們還可以激發別人的勇氣，來完成共同的事業。

只要戰勝恐懼，就不會看到失敗

——在狼的眼睛裡，永遠看不到恐懼。因為它們知道，不管經歷過多少次失敗，最後的成功一定是屬於它們的。所以狼永遠是草原上的王者。

英國浪漫主義詩人拜倫爵士說：

「死於偉大的人，永遠沒有失敗！」

「我一直都在尋找那些擁有無限能力、並相信沒有什麼是做不到的人。」這句話是福特汽車的老闆亨利．福特所說的。因爲只有這樣的人，才會把握住最有利的機會，並帶領人們獲得成功。勇敢的人也會遭遇失敗，勇敢的人也並非時時順利，但是敢於行動的人最終將成功。因爲做得越多，成功的機會也就越多，失敗也就越遠。

狼的勇敢不僅僅表現在面對危險和環境的考驗上，更表現在對失敗的蔑視和百折不撓的精神上。狼知道，生活從來不會一帆風順，不如意事十之八九、挫折及失敗才是生活的常態。生活是上天給人安排的一種考驗。眞正的勇士需要勇敢地面對風雨中的一切疼痛、挫折與失敗。比起對於成功的渴望，多少次失敗都算不了什麼。眞正勇敢的人和狼一樣，從來不會被失敗嚇倒，而是把失敗當成是成功路上的一種必然，是邁向輝煌的一塊墊腳石。

實際情況是，往往對失敗越充滿恐懼的人，越是會遭遇到同樣的失敗；而越是蔑視失敗，能從失敗中吸取經驗，馬上勇敢站起來的人，越是能更快地走向成功。

絕大多數時候，那些看起來不可能完成的事情，或者以為結果會很糟的事情，在你真正動手去做以後，其結果往往卻是正面積極的。也就是說當你不再害怕、不再猶豫之後，失敗也就開始害怕了你，而成功卻會開始青睞你——不怕失敗、勇敢嘗試的人！

一個人野心勃勃地跑到國外經商，希望能幹一番大事業，但是不幸的是，一連幾次他都失敗了，血本無歸。甚至連回國的機票都買不起了。萬念俱灰之下，他想到了自殺。

正當他絕望地走在異鄉的大街上的時候，一個穿著溜冰鞋的小男孩在人群中靈巧地穿梭，看起來像一個輕巧的精靈，三兩下就來到了他的跟前。

「太厲害了，」他不由讚嘆道，「你是怎樣學會溜冰的呢？」

那孩子回答道：「哦，這很簡單，跌倒了爬起來，爬起來再跌倒，跌了幾次以後就學會了。」

孩子說完，就輕快地滑開了，這個剛才還充滿絕望的人卻如醍醐灌頂一樣站在那裡。

回到住處，商人一掃原來的頹廢，用一種飽滿的情緒重新投入到了工作中，因為他已經掌握了成功的唯一訣竅：跌倒了，再站起來就好了——就這麼簡單！

一個法國女孩，不幸患上了癌症，她最大的願望就是能夠親自爬上世界最高峰——珠穆朗瑪峰。通過多方聯繫，終於有支登山隊答應帶她一起出發。

不幸的是，在登山途中他們遭遇到了罕見的暴風雪，惡劣的天氣不僅把他們困在了半山腰上，也阻斷了他們和外界的通信，而且隨時可能有致命的雪崩發生。在登山隊小小的帳篷裡面，大家一起商議如何應付這種情況。

女孩嚇得蜷縮在一角，向來生活安逸的她什麼時候見過這麼大的陣勢？恐懼已經讓她說不出話來。隊員們的意見也不一致，有主張原地守候等待救援的，有主張派人出去尋找幫助的，隊長只是默默地聽著大家的意見。

最後，隊長大聲地說：「我們不可以待在這裡，待在這裡雖然暫時安全，不過這種天氣情況下救援來的可能性太小了，一旦補給消耗完了，我們就一點生存的希望都沒了，我們必須出去自己找路。危險到來的時候，行動是唯一的出路，我們只有靠自己！」

最後一行人輪流背著小姑娘，在暴風雪中搏鬥了整整8個小時，終於找到了一家補給站，逃脫了全軍覆滅的厄運。

幾天以後，天氣轉好，小姑娘又和大家一起出發，這次終於順利地登上了峰頂。經過這次刺激的登山之旅，小姑娘徹底改變了以往的生活態度。病魔帶來的恐懼對她來說已經不算什麼了，她積極配合醫生的治療，兩年以後終於徹底戰勝了病魔。

很多年過去了，小姑娘甚至已經不記得當年把她從山上背下來的那個隊長的名字了，但是那句話，卻永遠深深地刻在她的腦海中——

「危險到來的時候，行動是唯一的出路，我們只有靠自己！」

在這個世界上，沒有不可能做不成的事情，主要是看你去不去做。如果什麼事情都畏首畏尾，這樣的人再有才華也成就不了大事。除了恐懼以外，讓人停滯不前的還有一種負面情緒，那就是自卑（看輕自己）。

影響人生成功的兩大勁敵，一個是恐懼，一個是自卑。是恐懼束縛了我們的行動，是自卑抑制了我們的才能，它們使我們失去生命的光彩，在自我否定的痛苦中走向平庸。

戰勝恐懼，你將無所不能；超越自卑，你將成功快樂。樹立自信，是每個人走向成功之路的必修課。

全球最大的零售企業沃爾瑪公司總裁沃爾頓先生，在參加加利福尼亞大學校慶發表演講時，有名學生朝他逐步走近，非常誠懇地請求要與沃爾頓單獨談談。

會議結束後，在過道中那位學生和沃爾頓先進行了短暫的交談，學生擔憂地說：「我準備畢業後做一番大事業，如果成功的話，將對我產生無比的意義；但是我擔心，如果失敗了的話，我就什麼也沒有了，很可能因此一蹶不振。」

聽了這番話後，沃爾頓委婉地對他說：

「並非每件事都能達到預期的理想結果。成功固然美好，但即使失敗，明天的風仍將繼續吹著，希望依然存在。」

然而，那名學生依舊愁眉不展：「但是，我始終無法確信自己是否能真的會順利完成一件事。一想到可能會失敗，我就會提不起勁了。我一直想明白到底自己該如何去做，才能讓自己產生自信和肯定。」

沃爾頓對這名學生做了這樣的回答：「我們必須用科學的方法來探究這種生活病態的原因，但這要花費許多時間。現在我送給你一個簡單的辦法，這裡有一張卡片，上面有我特意爲你寫上去的一句話，從現在起，你念著這句話回家，以後每天早晨起床後先大聲讀三遍，中午和傍晚也要這般去朗讀，堅持一個月以後你再看看效果如何吧。」

說完，沃爾頓先生把寫好了字的卡片遞給了那名學生。
那名學生半信半疑地接過卡片，勉強答應照吩咐去做。
望著那住學生逐漸消失在夜幕中的身影，沃爾頓後來回憶說：「雖然身影看來還有些悲傷的意味，但是通過他那挺直的離去的姿態，彷彿正在暗示著信仰已經在他的心中萌芽。」
你想知道沃爾頓先生在那張卡片上寫的究竟是什麼嗎？他是這樣寫的：
「只有做不做，沒有能不能，只要我去做了，終有一天必定成功。」
只要去做了，至少還有成功的希望，如果你站在原地不動，那麼你就注定是一個失敗者。
在狼的字典裡永遠沒有恐懼兩個字，一旦決定了一件事情，它們就會義無反顧地去做。因此勇往直前，成了狼的信仰。正是這種蔑視恐懼的勇氣，讓它們成爲草原上的王牌。
世俗是約束人類發展的最沉重的枷鎖。人和狼的最大差別不在於智力或力量，而是——勇氣，是掙脫世俗束縛的勇氣，是特立獨行的勇氣，是突破常規挑戰未來的能量，是不走尋常路的心態。在狼的眼睛裡，只有將來，只有生存的欲望，所謂的「世俗常規」在它們看來一文不值，而人則不然，人常常會被世俗一些所謂的「常識」給綁架了。

將行動變成一種習慣

──「走自己的路，讓別人說去吧！」世俗的束縛雖然強大，但是如果我們昂起頭來，堅持走自己想走的路，那麼這種束縛就只能是紙老虎，再也無法阻止我們前進的腳步了。

德國唯心主義哲學家約翰·費希特說：

「行動，只有行動，才能決定價值。」

有句俗話說：「寧做螞蟻腿，不做麻雀嘴。」

狐狸和狼是朋友，它總喜歡在狼面前吹噓自己的狩獵技巧：「狩獵最重要的是講究策略，要有手段，這樣才能以少勝多，以弱勝強。」一見面，狐狸就開始滔滔不絕。

一天，風和日麗，它倆決定去狩獵，中午見面的時候，狼拖了一頭又大又肥的山羊，而狐狸則是空手而歸。

「今天眞背，一隻獵物也沒看見。」狐狸有點臉紅地說。

這時候，忽然草叢中竄出一隻兔子，狐狸眼睛一亮說：「要想抓這個兔子，首先要注意斷了它的後路。」沒等狐狸說完，狼就已經衝了過去，一口咬斷了兔子的喉嚨。

狼輕蔑地說：「如果只是空想而沒勇氣去做的話，那麼你就只能等著被餓死。」

世界上有兩種人：空想家和行動者。空想家們善於談論理想，一天到晚都是理想而卻不會付之行動；而行動者則是很少談論，只會盡力去做！無數事實證明，想一萬件事情也不如去做好一件事情。我們都不乏渴望成功的想像力，但是很多人卻缺乏追求成功的勇氣，也就是缺乏實幹精神。那麼，如果你仍然還只是一位空想家，你怎樣才能變成一位行動者呢？這一轉變，究竟又是什麼？又如何才能發生呢？

首先，讓我們來仔細看看，什麼是空想家與行動者，兩者又有怎樣的區別。

行動者比空想家做得成功，是因為行動者一貫採取有目標的行動，而空想家很少去著手行動，或是剛開始行動便很快懈怠了。行動者具備有目的地改變生活的能力。他們能夠完成非凡的事業，不論是開創一家自己的公司，寫作一本書，競選民意代表，還是參加馬拉松比賽，以及其他事業。而與此形成鮮明對比的是，空想家只會站到一邊，僅僅是夢想過這些而已。

只看著獵物永遠不會填飽肚子，天上只會下冷雨，掉餡餅這種事情永遠不會出現。要想獲得獵物，唯一的方法就是靠自己的努力。

羅斯福總統是一位意志堅定的領導人，他常常自詡爲「自我塑造的人」。小時候的羅斯福哮喘病纏身，身體虛弱得甚至無法吹滅床邊的蠟燭。回憶童年，羅斯福總會這樣形容自己：「一個體弱多病的男孩」和「一段悲慘的時光」。小羅斯福視力欠佳，異常瘦削，他身體的狀況糟糕得讓他的父母不敢肯定他是否能活下去。不過，羅斯福還是活了下來。

羅斯福在回憶錄中寫道：「由於既虛弱又笨拙，所以我對自己毫無信心。我需要艱苦地訓練自己的身體，更需要強化自己的意志和精神。」羅斯福明白，要想成爲自己希望的那種人，則必須拿出勇氣，通過磨煉來塑造自己。

記者亨利對羅斯福與自己的一番談話記憶猶新：「關於我一生經歷的各種戰役，人們談論很多。其實，最艱難的一場戰役只有我一個人知道，那就是戰勝自己的戰役。」

接著，羅斯福描述了這場如何駕馭自身的戰役：「只有通過實踐鍛煉，人們才能夠眞正獲得自制力。也只有依靠慣性和反覆的自我控制訓練，我們的神經才有可能得到完全的控制。從反覆努力和反覆訓練意志的角度上而言，自制力的培養在很大程度上就是一種習慣的形成。」

羅斯福對自制力的訓練貫穿了他的一生，也融入了他的日常活動中。即便是在總統任職期間，他也仍然堅持自己的實踐訓練。在他入主白宮的那些日子裡，就像羅斯福自己所說的那樣：「我總是在下午盡量抽出幾個小時進行體育鍛煉——打網球，騎馬，有時也行走在崎嶇的鄉間小路上。」在給朋友的一封信中，羅斯福寫道：「今天上午，在白宮接待處，我與六百個人握手；下午，我與四個孩子以及他們的十幾個表兄弟和朋友們一起痛快地騎馬兩小時。我們跨越柵欄，穿過山丘，一起在平地上飛奔。」

羅斯福從不浪費時間，在沒有特殊事情需要處理的時候，他喜歡讀書或是給朋友們寫信。羅斯福也是一個崇尚行動的人，他更願意參與而不僅僅只是旁觀。他曾這樣拒絕了一次觀看棒球比賽的邀請：「我可不願意坐上兩個半小時，而只是為了觀看別人做事情。」

不論是朋友還是敵人，都一致公認羅斯福的果斷和堅韌，以及他對於別人托付任務的高度負責。所有這些品質，都源自羅斯福的自制力。

給予行動者動力的，同時也是阻礙空想家進步的，那都是同樣一件事物——習慣！

習慣是什麼？習慣是你的終身伴侶，習慣是你最好的幫手，習慣也可能成為你最大的負擔。習慣會推著你前進，也可以拖累你直至失敗。習慣完全聽命於你，而你做的事情中，也會有一半要交給它，因為，習慣總是能快速而正確地完成任務。難怪有人說「習慣是第二個天性」！

不懂機遇的人，會走向失敗

——機遇真是一種很奇妙的東西。它就像一個小偷一樣，來的時候沒有蹤影，走的時候卻會讓你損失慘重。不過，狼就是能鎖定這種稍縱即逝的機會獲得成功。

美國作家羅伯特．柯里爾說：

「從你所在的地上開始，遠方的草原看起來總是比較綠，然而機會卻在你腳下。」

狼的敏銳不僅僅表現在應對危險上，更表現在對機會的把握上，一個動物學家在跟蹤狼群三年之後得出結論，狼對機會的有效把握率高達八成以上，而人類只有三成五左右。所以在這一方面，狼是值得人類學習的。

一夜的北風呼嘯後，雪停了，風住了。這樣的清晨，什麼都看不清，濕潮的空氣中彷彿一切都已冬眠一般，讓人不免有幾許沮喪。然而，遠方慢慢地走來了一群生物，那暗暗的毛皮顏色與時不時露出的鋒利牙齒會讓你掩口尖叫——是狼群！

它們扁癟的肚皮表明了此行的目的：尋找獵物。在這個荒涼的冬季裡，能夠生存下來的動物越來越少，狼群一直處於半飢餓的狀態。厚厚的雪地上，只留下了狼群那錯落有致的腳印。

突然，領頭狼停住了腳步，前方有發現！頭狼興奮地跑過去，果然，雪白的大地上有一群與它們一樣正在覓食的羊群，很明顯，這群愚蠢的羊還不知道死神正在慢慢地靠近自己。

狼群遠遠地停下了腳步，慢慢地俯在地面上，觀察著遠處羊群的一舉一動。很明顯，它們想要等到最佳的機會再進攻，此時的觀察正是為了稍後的猛烈進攻。

毫無察覺的羊群還在不斷地刨開雪地，吃著那早已被雪水浸泡多時的爛草，偶爾抬頭叫兩聲，轉頭吃兩口雪來緩解口渴。但並不是所有的羊都是這麼懈怠，有幾隻強壯的羊也在四處尋找著食物，但是很明顯，它們同時也擔任著警戒任務，只要周圍一有風吹草動，這些忠誠的衛士便會發出警告的聲音，而整個羊群便會在驚恐中發足狂奔。

群狼一直在靜靜地等待著，頭狼也一直沒有要下令進攻的意思，它們只是靜靜地伏在雪地上看著……天色漸漸地暗了下來，那寒冷的北風夾帶著一片片的雪花呼呼地刮著，天上的烏雲越積越厚，狼群卻依然伏在這片正好可以觀察到羊群的略高處，靜靜地等待著。

羊群也漸漸地感覺到了涼意，它們互相「咩咩」叫地招呼著對方，並聚集到了一起，紛紛用前蹄將地面刨開一片空地，形成了一個淺淺的坑。然後，所有的羊都聚攏到了一起，強壯的羊在外圈，年老在中間，年幼的在中間。它們臥在一起，彼此之間緊緊地依靠著，縮成了一團來抵禦那寒冷的冬夜。

機會到了！狼群將前肢蜷曲起來，用後肢登著草地，一點點地匍匐前進著。直到到了可以確信獵捕到羊的距離之後，它們才突然站立，縱身跳了出去，如同離弦的箭一般，迅速地衝向了羊群。此時，所有的狼都如同一面面迎著強風招展的旗幟一樣，帶著死亡的氣息，像箭矢一般隨著頭狼一起射向目標。

當狼群的味道被風夾帶著的吹來時，羊才明白，自己的死敵來了！它們那傑出的跳躍與奔跑優勢與靈敏的感覺都已不起作用了，如此近距離的衝刺，等待弱者的只有死亡。狼群紛紛用鋒利的牙齒順著羊的喉嚨插了進去。那滾燙的熱血順著牙縫流入了狼的嘴中後，鮮美的血腥味立即讓狼群完全陷入了興奮狀態。它們瘋狂地撕咬著那些死亡的羊的身體，雪白的地面在一會兒的時間便被血水所污染。狼群終於可以讓自己痛痛快快地飽餐一頓了。

有一個創業的年輕人，在經了幾次挫折之後，不免有點灰心了，這天他很茫然地倚靠在一塊大石頭上，懶洋洋地曬著太陽。

這時，從遠處走過來一個怪物，「年輕人！你在做什麼？」怪物問。

「我在這裡等待時機。」年輕人回答。

「等待時機？哈哈！……時機是什麼樣，你知道嗎？」怪物問。

「不知道。不過，聽說時機是個很神奇的東西，只要它來到你身邊，那你就會走運，或者當上了官，或者發了財，或者娶個漂亮老婆，或者……反正美極了。」

「嗨！你連時機什麼樣都不知道，還說在等待時機呢？還是跟著我走吧，讓我帶你去做幾件於你有益的事吧！」怪物說著便拉起年輕人。

「走開！少來這一套！我才不會跟你走呢！」年輕人不耐煩地說。

怪物只好嘆息地離去……

一會兒，一位長髯老人來到年輕人面前問：「你抓住它了嗎？」

「抓住它？它指的是什麼東西？」年輕人問。

「它就是時機呀！」

「天哪！我把它給放走了！」年輕人後悔不迭，急忙站起身呼喊時機，希望它能再次返回。

「不要喊了。」長髯老人接著又說，「我來告訴你關於時機的秘密吧。它是一個不可捉摸的傢伙。你專心等它時，它可能遲遲不來，你不留心時，它可能就來到你面前；見不著它時你時時想它，見著它時，你又認不出它；如果當它從你面前走過時你抓不住它，那麼它將永不回頭，使你永遠錯過了它！」

機遇一般都是瞬間出現，而又是瞬間就能消失的，善於把握機遇的人往往會成爲成功者。

上天始終是公平、公正的，它會公平地分給每個人一些大大小小的機遇，有些人善於把握機遇並成了一位成功者，而有些人卻不在乎每一次的機遇，最終一事無成。

掌握時機要和發揮能動性結合起來。有時會出現有利的時勢、環境和條件，人們只要善於利用，就能取得成功。有時候看到只是時勢變化的趨勢，但沒有提供現成的有利條件和機會，這就要根據時勢的變化趨勢，創造成功的條件和機會，不能消極被動地應付時勢，坐待時機。

在冰天雪地中等待經過的羊群，所付出的是較爲堅強的勇氣和耐比。那些飛速奔跑的羊出現了，但絕對不是最好的機會。這正如世界知名的基金經理朱利安·羅伯森的名言：「我一直等到錢落到離我不遠的角落裡，然後我所要做的事就是，去撿回來。」

牧民與狼的鬥爭自古以來就從未停止，不管牧場防守得多麼嚴密，狼群總是能找到那稍縱即逝的機會，偷襲成功。野外捕獵也是如此，機警如兔子、靈活如山羊、嚴密如野馬，不管什麼樣的動物，只要被狼盯上了，那麼最後狼總能把握機會，捕獵成功。

人生也是如此，我們並不把機會列爲成功的必要條件，但是機會卻是打開成功之門的一把金鑰匙。它可以把我們與成功之間的距離一下子就拉近了。

忍耐的代價是心想事成

——狼道，是聲東擊西的智謀，是蓄勢待發的韜略；狼道，是發掘機遇的慧眼，是順勢而動的權變；狼道，也是貌似凶殘的博愛，是寬恕對手的寬容；狼道，更是永不言敗的執著，是反敗為勝的悲壯……狼道，是追尋比勝利永恆的東西，是情義的擁有者。

美國政治家、科學家富蘭克林曾說：

「有耐心的人，能得到他所期待的。」

在戰國時期，著名的齊國有一個名叫淳于髡的人。他的口才很好，也很會說話。他常常用一些有趣的隱語，來規勸君主，使君主不但不生氣，而且樂於接受。

當時齊國的威王，本來是一個很有才智的君主，但是，在他即位以後，卻沉迷於酒色，不管國家大事，每日只知飲酒作樂，而把一切正事都交給大臣去辦理，自己則不聞不問。因此，政治不上軌道，官吏們貪污失職，再加上各國的諸侯也都趁機來侵犯，使得齊國瀕臨滅亡的邊緣。

雖然，齊國的一些愛國之人都很擔心，但是，卻都因爲畏懼齊王，所以沒有人敢出來勸諫。

其實齊威王是一個很聰明的人，他很喜歡說些隱語，來表現自己的智慧。淳于髡知道這點後，便想了一個計策，準備找個機會來勸告齊威王。

有一天，淳于髡見到了齊威王，就對他說：「大王，爲臣有一個謎語想請您猜一猜：齊國有隻大鳥，住在大王的宮廷中，已經整整三年了，可是他既不振翅飛翔，也不發聲鳴叫，只是毫無目的的蜷著。大王您猜，這是一隻什麼鳥呢？」

齊威王本是一個聰明人，一聽就知道淳于髡是在諷刺自己，像那隻大鳥一樣，身爲一國之尊，卻毫無作爲，只知道享樂。而他這時再也不是一個昏庸的君王，於是沉吟了一會兒之後便毅然的決定要改過，振作起來，做一番轟轟烈烈的事。因此他對淳于髡說：

「嗯，這一隻大鳥，你不知道，它不飛則已，一飛就會衝到天上去，它不鳴則已，一鳴就會驚動衆人，你慢慢等著瞧吧！」

從此齊威王不再沉迷於飲酒作樂，而開始整頓國政。首先他召見全國的官吏，盡忠負責的，就給予獎勵；而那些腐敗無能的，則加以懲罰。結果全國上下，很快就振作起來，到處充滿蓬勃的朝氣。

另一方面他也著手整頓軍事，強大武力，奠定國家的威望。各國諸侯聽到這個消息以後都很震驚，不但不敢再來侵犯，甚至還把原先侵佔的土地，都歸還給齊國。

其實，眞實的齊威王在等待，他沉迷於酒色的目的是想看出自己的臣下有多少可用之臣。試想，如果齊威王剛一上臺，就大發嚴令，做出種種動作。這樣就會令眞正的無能之士不敢現身，更會錯失眞正的有用之士。等待也是一種忍耐，齊威王三年的「苦等」也不是常人能隨便做到的。

在人的一生當中，有很多時光都是在等待中度過。雖然等待的結果是未卜之事，但是在等待的過程中，我們可以充實自己，積蓄足夠的力量，從而一飛衝天，大謀則成。

柏克斯頓以前是一個頭腦簡單四肢發達的頑童，他的與衆不同之處就在於他有堅強的意志力，這種意志力在他幼年時曾表現爲喜歡暴力、飛揚跋扈和固執己見。他自幼喪父，所幸他的母親很有見識。她敦促他磨練自己的意志，在強迫他服從的同時，對一些可以讓他自己去做的事，她總是鼓勵他自拿主意自作主張。

他母親堅信如果加以正確引導，形成一個有價值目標的堅強意志，對一個人來說是最難能可貴的品質。當有人向她談及兒子的任性時，她總是淡然地說：「沒關係的，他現在是固執任性，你會看到最終會對他有好處的。」當柏克斯頓處於形成正義還是邪惡的人生目標這一個人生歷程的關鍵時刻時，他幸運地與一個家庭以良好的社會品行著稱的姑娘結了婚。

他意志的力量，在他小時候使他成爲一個很難管束的頑童，但現在卻使他從事什麼工作都不知疲倦而且精力充沛。當時身爲釀酒工的他不無得意地說：「我可以先釀一個小時的酒，再去做數學題，再去練習射擊，而且每件事都能聚精會神地去做。」

當他成爲一個釀酒公司的經理之後，他事無巨細全部過問，使公司的生意空前興隆。即便是在工作非常繁忙的情況下，他仍然每天晚上堅持勤奮自學，研究和消化孟德斯鳩等人關於英國法律的評論。他讀書的原則是：「看一本書就必須看完，決不能半途而廢」，「對一本書不能融會貫通熟練運用，就不能算是已經讀完」，「研究每一個問題都要全身心地投入」。

後來，柏克斯頓比較幸運地躋身於英國議會。在他剛剛步入社會時，他目睹奴隸貿易和奴隸制度的種種黑暗，便下定決心把解決奴隸的問題作爲自己最大的人生目標，在他進入英國議會後，他更是把在英國的本土及殖民地上徹底實現奴隸的解放作爲自己的奮鬥目標，並矢志不渝地努力、奮鬥。廢除英國本土及其殖民地上的奴隸貿易及奴隸制度，既要與傳統勢力鬥爭，又要與維護自身利益的貴族鬥爭。這項推動歷史進程的工作，其困難可想而知，但柏克斯頓卻做到了。

事實上，在每一種追求中，作爲成功的保證，與其說是才能，還不妨說是不屈不撓的意志。因此，意志力可以定義爲一個人性格特徵中的核心力量，概而言之，意志力就是人本身。意志是人的行動的動力之源。眞正的希望以它作爲基礎，而且，它就是使現實生活絢麗多彩的希望。

在匆匆忙忙、風風雨雨的人生之旅，每個人都免不了會遇到失意碰壁後的茫然與困惑，當你面對周圍不太盡人意的環境時或者正視到內心的疼痛和蒼白，你要冷靜下來，暫時放慢你的腳步，因爲你需要等待。等待不是無原則的停止，等待是另一種進步，等待也不是原地踏步，而是進取中的思索。如果說進取是一簾飛瀉的瀑布，那麼等待就是一潭深邃的湖泊。

學會等待不是一件容易的事情。急功近利者不會等待，往往慌不擇路，落得一敗塗地，狹隘自私者，不善等待，常常錙銖必較，睚眥必報而失去了許多機遇。等待必須有冷靜的頭腦，堅定的目標，寬廣的胸懷。

人的天性，對於各種商家的推銷員總是有些不歡迎；能打發他走，就總是想方設法地打發他走。但當他們遇到了一個有忍耐精神、謙和態度的人，事情就變得不同了。他們知道，有忍耐精神的推銷員是不容易打發走的；他們往往因欽佩那個推銷員的忍耐精神而承購了他的商品。

如果你好好審視歷史上那些成大功、立大業的人物，就會發現他們都有一個相同點：不輕易爲「拒絕」所打敗而退卻，不達成他們的理想、目標、心願就絕不罷休。迪斯尼爲了實現建立「地球最歡樂之地」的美夢，四處向銀行融資，可是被拒絕了三百零二次之多，每一家銀行都認爲他的想法特別怪異，簡直太天眞了。

其實並不然，他有遠見，最爲重要的是他有實現夢想的決心。今天，每年有上百萬遊客享受到前所未有的「迪斯尼歡樂」，這全都出於一個人的決心。沒有忍耐精神，就不能成就大的事業。儒弱、意志不堅定、不能忍耐的人，不能得到他人的信任與欽佩。只有積極的、意志堅強的人，才能得到大家的信任；而要是沒有別人的信任，則事業的成功是很難期待的。

在世界上意志堅定的人不怕找不到屬於自己的位置。人人都相信百折不回、能堅持、能忍耐的人。意志的忍耐性能生出信用來。如果你能夠不管情形如何，總堅持著你的意志，總能忍耐著，則你已經具備了「成功」的要素了。

堅持就是成功的最後一哩路

——在面對困難時，大多數的人都會選擇退縮、逃避。但狼不一樣，面對惡劣的環境，它具有頑強的毅力和堅持不懈的精神。所以從某個意義上來講，狼這種生物的某種精神境界，確實值得人們去效仿、去學習。

英國歷史上最有份量的作家塞繆爾·強生說：

「成大事不在於力量的大小，而在於能堅持多久！」

「我不是爲了失敗才來到這個世界上的，我的血管裡也沒有失敗的血液在流動。我不是任人鞭打的羔羊，我是猛獅，不與羊群爲伍。我不想聽失意者的哭泣，抱怨者的牢騷，這是羊群中的瘟疫，我不能被它傳染。失敗者的屠宰場不是我命運的歸宿。」——狼群之所以無敵於動物界，自會有它們最充實的原因，無疑，狼是成功者，數千年來，它們伴隨著很多失靈的滅絕延續到現在，它們依然強大著。這都是因爲它們一直在堅持不懈。

有位哲人說過：「生命的獎賞遠在旅途終點，而非在起點附近。我不知道要走多少步才能達到目標，踏上第一千步的時候，仍然可能遭到失敗。但成功就藏在拐角後面，除非拐了彎，我永遠不知道還有多遠。」

再前進一步，如果沒有用，就再向前一點。事實上，每次進步一點點並不太難。有時候隨意地注意一下，你就前進了一大步，如果把進步一點當成人生的一種生活樂趣，只要你願意，你就會天天活得很快樂。

堅持，是一種非常神奇的法力。水滴石穿、繩鋸木斷……這些看似不太可能的「壯舉」，都出於它的手筆。世界上幾乎每一次變革都會與之有關，它使劣馬變得和良駒一樣能幹，它使凶殘的老虎變得像貓一樣溫順，它更會使弱者變得堅強。

從今往後，我要借鑑別人成功的秘訣。過去的是非成敗，我全不計較，只抱定信念，明天會更好。我一試再試，爭取每一天的成功，避免以失敗收場。我要爲明天的成功播種，超過那些按部就班的人。在別人停滯不前時，我繼續拼搏，終有一天我會得到豐收的果實。

「你的腦子是一個倉庫呢？還是一個工廠？」此話是美國大企業的主管人士時常向下屬提出的問題。「你的知覺僅只當作一個門戶，讓事實進入大腦裡儲藏著呢？抑或將事實當作一種原料、讓你的大腦生產出新產品呢？」

在一般人看來，機遇總是很神秘的。運氣的好壞，全在於身外的某種神秘力量操縱。然而，對於美國鋼鐵公司董事長秀華有來說，人和機遇的緣分並非不可控制，發現機會和捕捉機會只需要一個小小的秘訣，那便是在心靈門口站一個時刻提防的哨兵。

秀華布的個人經歷本身就是一個奇蹟。這位出身於鄉村的大企業家，在他少年時代，幾乎與任何優良的條件毫無緣分。貧窮的家庭，只能供他讀到中學二年級，在他本來該繼續升學的年齡，他已經坐在父親的馬車上輟學去當了一名車夫，之後又到一家飲食店裡當伙計。

提起這段往事，秀華布一點也不後悔，相反卻很珍視這一段經歷。

從外表上看，那時的秀華布同任何一位店小二並無區別，但實際上卻有著本質的不同：其他店小二的心是麻木的，渾沌的，別無他求的，而他的心中卻始終隱藏著一個願望，一種企圖心。

工作之餘，秀華布總是呆望著飲食店對面高聳入雲的大煙囪。那正是聞名於世的鋼鐵大王安德魯・卡耐基的工廠。秀華布日思夜想能進入工廠中去，但他卻並沒有把這份願望顯露在臉上，更沒有因此放鬆眼前的工作。店裡的活又苦又累，對於心中蘊藏著美好期望的他來說，卻一點也不悲觀失望，反而更加賣力地幹活，盡心盡力地接待著每一位從對面工廠過來買東西的顧客。漸漸地，他對這家工廠的人員構成情況，已有幾分熟悉了。

終於有這麼一天，工廠的廠長走來了，正當這位廠長買好東西轉身欲走時，他的身後響起一個發顫的聲音——是那位毫不引人注目的小伙計，紅著臉向他表示了自己想進入工廠的願望。廠長苦笑了一下，本想拒絕，但又被其誠心誠意的樣子所打動，就隨口一問：「你能夠做打掃清潔的工作嗎？」

「可以的！」秀華布立即做了肯定的回答。

於是，從第二日起，飲食店的小伙計秀華布，便成爲卡耐基鋼鐵工廠的清掃工了，而這也正是他踏入鋼鐵企業的第一步。

秀華布在鋼鐵公司奮鬥，從日薪二美元的清掃工做起，僅僅六年功夫，便榮升爲這家工廠的廠長。如此驚人的變化，奧妙究竟何在呢?原因仍很簡單：同他在飲食店裡當小伙計一樣，秀華布雖然在誰也瞧不起的清掃工位置上，雖然也不項一輩子做清掃工，但他卻把眼前的清掃工作做得非常的好。這正是他的高明之處——利用仔仔細細打掃清潔之便，他的眼睛不放過這裡的每一處地方、每一個人，和每一件事。

幾年下來，誰能比他更熟悉這個工廠呢?從生產作業現場，到經營服務窗口；從後勤物資供應，到各種生活福利與人事關係，都被他研究殆盡。這個小小的清潔工，已成爲最熟悉和了解工廠的權威人物了。於是，他開始以其勤勉、踏實、愉快、熱心的態度，爲工廠出謀獻策了。一計既出，句句切中要害，廠長大爲驚異，稱讚他是個「能通曉到工廠中每一根釘子的專家」，立即將他推薦給工廠的大老闆卡耐基。原來的廠長，不久便調到了公司本部，而接替廠長職位的，竟然就是誰都猜想不到的小清掃工。

慧眼識人的卡耐基看透了秀華布的本領，事後曾對人說：「關於鋼鐵的事情，全世界的人，都不及秀華布了解。」

不難看出，秀華布暗中修煉成功的征服力，已達到何種程度!僅一年功夫，他便又被提拔爲公司技術部部長，此時的秀華布只有二十四歲，不曾受過任何專門的教育，卻成了技術性最強的部長首腦。他沒有金錢和時間進大學、得學位，他那雙執過馬鞭的手，卻開始熟練地操縱著成千上萬的員工了……

最重要的機會來臨時，往往穿著極平常的外衣，成功者總是竭力捕捉各種機會，心靈之門的哨兵的任務：一是發現，二是檢查，有用的東西才放行。而非讓自己的大腦變成一個倉庫——好東西儲藏得再多不用它也會發霉，另外還有一個更重要的任務是加工處理、分門別類，爲的是將原料變成產品，在行情最好的時候拋售出去，必然取得好效果。這種令人羨慕的聰明，正是秀華布所特有的。

第七章

領導的魅力：律己律人

——狼道：不懂得自律的人，就不會遵守紀律

狼道，是聲東擊西的智謀；

狼道，是蓄勢待發的韜略。

領導者的管理藝術

——狼不同於虎和豹，它是一種群居動物。它們狩獵的時候是靠集體的力量，既有明確的分工，又有密切的合作，齊心協力戰勝比自己強大的對手。許多動物不怕單隻的狼，單隻的狼也往往會成為其它大型動物的盤中飧。但是一群狼，一群有著團隊精神和嚴密組織與配合默契的狼團隊，足以讓獅、虎、豹、熊等猛獸色變，足以使任何比其更為凶猛的猛獸汗顏。

美國第六任總統約翰．亞當斯說：

「如果你的行動能激勵他人有更多的夢想，可以學得更多、做得更多、更有成就。那麼，你就是領導者！」

狼群的狩獵是按部就班的合作獵殺，收成之後狼王對狼群內的分配制度，就類似於按勞務性質做分配。在圍捕行動中，作出最大貢獻的狼，擁有優先享受食物的權利，然後，按照對於圍捕獵物貢獻多少，輪流撕食獵物。狼族社會是個簡單的，沒有爾虞我詐的社會，完全依靠大自然，不能脫離自然屬性的社會。所以，狼在圍捕獵物時，貢獻多少，可以從其身體強壯程度上看出來。身體最強壯的往往是第一個咬死獵物的狼，身體強壯的則在圍、追、堵、截中，起到不同的作用。身體羸弱的往往只能跟著狼群，對於圍捕獵物起不到多大的作用，用人類的語言說，濫竽充數，只能增加狼族氣勢。所以，這些狼只能分到殘羹剩菜勉強溫飽罷了。

狼族的分配制度充分體現出賞罰原則。有功的狼，把獵物咬死，對狼族延續發揮著巨大作用，所以，應該受到封賞，有資格第一個享受食物；對於捕獵沒有貢獻持著無功於狼群，那麼它的結果，最壞的會被驅逐出狼群，成爲一隻「孤狼」。孤狼會在迫不得已時，進入狼群，偷食獵物，最後狼群群起而攻，甚至被狼群撕食。

狼族的賞罰制度非常分明，狼群內的所有成員，必須遵守這種制度，所以狼群才能律政分明。頭狼作爲首領，只需要維護狼群利益，帶領群狼執行團獵行爲。賞罰分配制度，是狼族進化過程自然形成的結果。狼群內的所有成員都會自覺地遵守。在這種制度下，餓了一次肚子的弱狼，在接下來的捕食中，必然會全力以赴。當它體會到成功的滋味後，會繼續這種勝利的姿態，久而久之，成爲狼族內最強壯的狼。這是一種帶有刺激和激勵性質的良性循環。當然，這種制度下也存在著惡性循環。那就是因爲身體瘦弱，不能夠捕捉獵物的狼，最後變成孤狼。這就是自然的淘汰機制。優勝劣汰。狼性社會在這種優勝劣汰的選擇機制中，形成一種律法嚴明的社會機制，繼而維護著狼族的延續。

制度是企業的生命力，賞罰結合、令行禁止，才能夠打造最具生命力的團隊。但有些本來不錯的經營者，在企業上了軌道之後，卻沒有學習現代企業管理技巧，只重經驗而不重管理，所以最後以失敗告終。

狼族的生存狀態是大自然優勝劣汰的選擇結果，賞罰結合的制度在狼群圍獵和分配食物的過程中能夠集中體現出來。這是一種完美的激勵體制，雖然有些殘酷，但是不乏是個激勵團隊共勉的有效措施。人類社會的企業、團隊、公司，同樣需要這樣行之有效的激勵制度，只有在令行禁止的明確制度下，員工才會感覺到公平、公正，才能夠激勵員工的鬥志，拒絕錯誤，爲求獎勵而共同努力。

狼從一出生，就注定要在狼群裡不停地搏鬥，它們通過搏鬥確定自己在狼群裡的地位。小狼發展成爲頭狼的過程是一個不斷征服的過程。頭狼之所以是頭狼，是領導者，是因爲它征服了狼群中任何一隻狼。這種搏鬥、征服，就是狼族內的硬性措施，就好比它們堅硬無比的牙齒。狼牙是狼力量和地位的象徵，是狼族社會硬性措施的代表。狼通過堅硬無比的狼牙，征服威脅自己地位的狼。成爲頭狼以後，狼族也不可能一帆風順、太平無事，狼群照樣有不服從管理的搗亂分子。頭狼照樣是通過搏鬥、斷殺，通過狼牙征服了它們。

頭狼征服狼族內的成員後，並非一勞永逸。這只是在權勢上征服，狼群中的成員，不可能個個心服口服。如果頭狼不能帶領狼群尋找食物，會直接影響狼族的種族延續，狼群照樣不會穩定。沒有任何物種，在飢餓、滅亡面前，還能夠心安理順。這時就需要頭狼帶領狼群追逐、圍捕獵物。這個過程其實就是人類社會的讓人民吃飽。這是甜頭，告訴狼群的所有成員，跟著頭狼能吃飽。這也是施捨，狼族就是依靠獵物得以生存，跟著能夠讓自己「吃飽」的領導者，自然不會想著「造反」的事情。這就達到頭狼需要的「心服口服」。

狼群需要發展，需要資源、生命，活著的狼才是資源，死狼對於狼群沒有任何益處。所以，頭狼征服隊友的同時，還要保證不能誤殺對方。這就是硬性措施的「度」。軟性措施中，照樣有這種「度」的表現。比如頭狼在施捨獵物的時候，一般都會讓出一部分，給身體贏弱的狼享用，這是關愛，爲狼族延續所必須，同時，頭狼也不會讓那些凶猛狼無限制地侵呑弱狼的獵物，以免它們發展到威脅自己的地步。權衡好這個「度」，頭狼的地位就能夠長坐久安。

將狼族社會類比到人類社會，人類社會的企業、公司，同樣需要這樣軟硬兼施的管理模式。硬性措施就是領導必須懂得「扮黑臉」，任務沒有完成，工作效率低下，公司業績滑落，領導者就必須拿出硬性措施，「扮出黑臉」，督促員工，共勉共奮，及早提高公司業績、提高效率。與此同時，公司取得業績，是所有員工共同努力的結果，領導絕不可將功勞扛在自己身上，應該懂得論功行賞。行賞就是軟性措施，就是「施捨」，這種「施捨」能夠證明領導的能力、心懷，領導仁慈、寬宏大量，員工自然會心悅誠服地跟隨。

用人、做企業都是如此，和頭狼管理團隊一樣，需要軟硬兼施。不過，不論什麼措施，都應該有「度」，沒有「度」就會造成相反的結果。

沒有紀律，就沒有戰鬥力

——一時的忍耐是為了更廣闊的自由，一時的紀律約束是為了更大的成功。我們知道，紀律是一切組織和團隊的基石，我們的團隊要長久生存，其重要的維繫力就是團隊紀律。

《沒有任何藉口》的作者費拉爾．凱普所說：

「一個團結協作、富有戰鬥力和進取心的團隊，必定是一個有紀律的團隊。」

狼懂得合作，在狼群中有嚴明的秩序、自覺的紀律和明確的行動目標，同時，狼的紀律性則是極強烈的，也是它們成功的基礎。它們還保持一定的危機預警力、攻擊力和抗爭力。

鐵的紀律是效率的保證，當領導安排任務時，應該帶著完全相信的心態去對待，在過程中找出這樣的作用目的性，這樣的實際意義，而不是我們以個人的角度來分析此事該不該做，能不能做，求大同存小異。只有這樣我們才能夠進步，才能夠提升自身的能力。

學員的紀律鍛煉就是西點軍校非常注重的。爲了保障紀律鍛煉的實施，西點有一整套詳細的規章制度和懲罰措施。比如，如果學員違反軍紀軍容，校方通常懲罰他們身著軍裝，肩扛步槍，在校園內的一個院子內正步繞圈走，少則幾個小時，多則幾十個小時。也就是說，在這方面的事情，我們到處所見。

據說，艾森豪威爾到西點不久，因爲他的自由散漫就贏得了「操場上的小雞」的頭銜。原因是艾森豪威爾經常不得不接受懲罰，像小雞在田間來回走動一樣在操場上來回走步，只是不如小雞那樣自由罷了。

這裡的紀律鍛煉主要是在他們新入學後的第一年完成。西點認爲，通過紀律鍛煉，可以迫使一個人學會在艱苦條件下怎樣工作與生活。比如日常的著裝訓練，一會兒下令集合站隊，一會兒又指令他們返回宿舍換穿白灰組合制服（即白襯衣加上灰褲子），限定在5分鐘內返回原地並報告：「作好檢查準備」。接著班長又一次下命令，換上學員灰制服。在整個過程中，他們就是必須沒有條件地去完成指令，同時還不得有任何藉口。

這樣的訓練整整持續了一年，紀律觀念由此深深地根植於每個人的大腦中。同時，與之而來的，卻是每個人強烈的自尊心、自信心和責任感，這是一些讓人受益終身的精神和品質。

西點軍校就是讓人接受關於紀律的嚴格訓練，它幫助每個人都成爲合格的陸軍指揮官。在後來爲企業服務的職業生涯中，好成功地把這種紀律觀念灌輸給每一個下屬，它又幫助人們獲得了不凡的成功。所以說，紀律的作用和重要性，比人們通常所想像的還要大。

紀律同樣是一個人敬業的基礎，一個人只要生活在人群中，就應該有約束，這個約束就是紀律。最簡單的紀律就是規章制度。人的嚴格紀律性並非是一蹴就能形成的，更不能與生俱來，學習、培養、灌輸是尤爲重要的。它是漸進的從平時的一句話、一個動作、一件小事開始的，比如：我們平時經常提到的上下班要準時；要按規定的要求著裝等等，這些看似小事，其實不然，大事就是從這些小事折射出來的。通過這些平時的小事，紀律觀念便深深地扎根於我們每個人的大腦中，從而形成每個人的強烈自尊心、自信心和責任感。

在夜裡，沒有哪一種聲音比狼群異乎尋常的音樂般的嗥叫更陰森、淒楚、可怕而又動聽的了。在狼的團隊裡，每一匹狼都有各自的任務，每一位成員都在通過發揮特有的才智和力量來肩負起對團體應盡的義務。雖然狼也有想做獸王的意願，但是狼知道他是屬於這個團隊的，團隊的利益永遠是第一的。

在一個團隊裡，每一個成員都幹著共同的事業，但同時又都幹著和別的成員不同的事情。所以，要建立一整套科學的制度，使管理工作和人們的行爲制度化、規範化、程序化，這是工作協調、有序、高效運行的重要保證。還要培養溝通寬容與遵章守紀、開拓創新與勤奮敬業、揮灑個性與全局觀念的品質和機制，形成井然有序、生動和諧的氛圍，在新的目標下，讓每一個成員都擁有和表現特長的平台，去創造業績。

在現代企業，培養團隊精神，越來越受到重視。沒有高度統一的團隊精神，沒有全體參與者的默契與分工合作，要完成一種事業是不可能的。

團隊精神是指爲了實現某一個目標，而由相互協作的個體所組成的群體表現出來的精神。團隊業績是成員共同貢獻的集體成果。所以，團隊在強調個人服從整體的同時，不排斥個人利益。在這樣的團隊，每個成員受到尊重和重視，同時，每個成員也要尊重和重視他人，爲了共同的目標，自覺地認爲擔負的責任、心甘情願爲此而奉獻。

共同的事業目標是團隊精神的動力，是把人們凝集在一起的奮鬥方向。只有目標一致，才會形成堅強的團隊，才能鼓舞人們團結奮進。

「企業界在本世紀經歷了劇烈的變化，情感層面也產生相應的改變。曾經有很長一段時間，受企業管理階層重用的人必善於操縱他人。但是到了二十世紀80年代，在國際化與信息科技化的雙重壓力下，這一嚴謹的管理結構已逐漸瓦解。嫻熟的人際關係技巧是企業的未來。」

耶魯大學心理學家羅伯特．斯登伯格和研究生溫蒂．威廉斯曾做過一個研究：他們僞稱一種銷售前景看好的新式皮箱即將上市，請幾組人各設計一套廣告，結果發現，如果一個團隊有一些低情商的人，整個團隊的進度就可能停滯。研究發現，影響團隊表現最重要的因素在於成員是否能營造和諧的氣氛，讓每個人的才華都充分發揮出來。一個低情商的團隊中如果存在著嚴重的情感障礙，比如恐懼、憤怒、惡性競爭、不平等待遇等，各成員的才能就很難得到充分的發揮。

在當今分工益細緻的社會中，每一個人的才能和精力都是十分有限的。每一項成功的事件，都必須要匯合衆多人的勞動和智慧。因此在一個團隊中取得成功，最重要的一點是能否有益地利用群體的智能。

一些員工對於工作沒有熱情，缺乏主動性，拖拖拉拉，而且整天抱怨領導和企業。這樣的員工到處都有，這種做法非常損害團隊精神。不知你有沒有注意到，通常一個公司或企業裡業績好的員工從不抱怨從不消極，而業績差的員工總是抱怨、消極和懶散，這是一個惡性循環，最後對誰都沒有好處。

不要去埋怨別人、埋怨企業、埋怨社會，要多去想想自己身上的問題：你認眞學習了嗎？你勤奮工作了嗎？你積極付出了嗎？我們每個人都要用積極的態度去適應變化，要用創造性的思維去思考，更重要的是要勤奮工作，你才能改變現狀。勤奮不是三分鐘熱情，而是一種持之以恆的精神，需要堅忍不拔的性格和堅強的意志。請記住：你想收穫多少，你就要付出多少。你想企業爲你付出，你就得首先爲企業付出。

在狼群中，當狼王確定以後，其餘的狼總是聽從它的領導，這便是狼群裡的紀律。服從可以說是一種美德。如果一個企業，沒有嚴格的規章制度和嚴明的紀律，那麼就好比是一盤散沙；「沒有規矩不成方圓」，如果下屬不服從上級，那麼企業就會潰不成軍，更談不上與別人競爭或生存發展了。

就像一個足球隊，有人踢前鋒，有人當後衛，也有人做守門員，如果都去踢前鋒，這個足球隊必定會失敗。所以，個人服從集體是集體事業成功的保證。

我們知道個人服從集體，必須做到服從集體安排，集體利益放在第一位，主動為集體著想，這樣才是集體事業成功的保證。一滴水只有放進大海裡才能永遠不乾，一個人只有當他把自己和集體融合在一起的時候，才能有力量。

沒有紀律，就沒有成功

——在我們狼族中，任何一隻狼只要違反了紀律，都有可能被徹底趕出家族。我們之所以能成為動物界的強者，在於我們在作何時候都能做到步調一致，形成群體的戰鬥能力。我們可以自豪地說：狼是群居動物中最有秩序、最有紀律的族群。

積極思考之父，《人生光明面》的作者，皮爾博士說：

「成功是一種態度。」

在大自然中，狼是群居動物中最有秩序、紀律的族群。狼群的紀律是最嚴明的，在行進中它們嚴格遵守鐵一樣的紀律。尤其是在狩獵的時候，它們會百分之百地執行狼王的命令，不會肆意而為，影響整個團體的作戰計劃，就算它們沒有獵物強悍，無法戰勝對方而慘遭失敗，需要放棄原訂計劃，它們也會按照原來計劃的撤退方案有條不紊地撤退，絕不會落慌而逃。

狼群在圍獵時，每一隻狼都有自己的任務，任何一隻狼都不能擅離職守。因此它們的組織和紀律就是它們得到食物的最大保證，也是它們在自然界中立足的根本所在。它們明白，維護紀律和提升效率並不矛盾，因此它們視紀律為生命的保證。

可以說一個捕獵成功率高的狼群可以和一支精銳的軍隊相媲美，因為它們都有著鐵一樣的紀律，以服從為美德。只有這樣的軍隊才能戰無不勝，攻無不克。

諸葛亮與司馬懿在街亭對戰之時，馬謖自告奮勇要出兵去守街亭，諸葛亮心中雖然擔心，但是馬謖表示願意立軍令狀，如果失敗就要處死全家，諸葛亮才勉強同意他出兵，並指派王平將軍隨行，並交代在安置完營寨後須立刻回報，有事要與王平商量，馬謖都一一答應。可是軍隊到了街亭，馬謖執意扎兵在山上，完全不聽王平的建議，而且沒有遵守約定將安營的陣圖送回本部。等到司馬懿派兵進攻街亭，圍兵在山下切斷糧食及水的供應，使得馬謖兵敗如山倒，重要據點街亭失守。事後諸葛亮為了維持軍紀而揮淚斬馬謖，並且自請處分降職三等。

馬謖的確有才華，飽讀兵書，去做一個研究兵法的書生尚可，帶兵打仗方面，卻難以勝任。結果被諸葛亮揮淚斬首，還落得個毀掉興漢大業的惡名。王平呢？一個才能平平的人，因爲嚴格遵守紀律，在街亭一戰中，數度救出魏延等其他將領，一個普通的將領，因此流芳百世。

紀律是企業文化的靈魂，是團隊精神的精髓。紀律爲企業保駕護航，爲團隊聚合力量。如果企業沒有嚴格的規章制度，團隊沒有嚴明的紀律約束，那麼就會人心渙散、各自爲陣，談不上秩序和效率，更談不上競爭和生存。

以團隊而言，沒有紀律，便沒有一切，只有擁有一支紀律嚴明的團隊，才能保證不折不扣的執行力，才能在激烈的競爭中贏得最後的勝利。

另外，還有一種人常把紀律與效率相提並論，爲了達到效率，故意忽略了紀律，結果反而造成更大的麻煩，這就是那句老話「欲速則不達」。但很多人卻總是把這條忠告拋到腦後，而且把紀律常常視爲「條條框框」的僵硬文字，所以每當遇到紀律束縛的時候，就會把提升效率作爲第一要務擺到桌面，要求變通，實質上也就是將紀律作爲第二位，讓效率隨意地支配紀律。

關於這個問題，經常開車的人會知道效率和紀律倒置會有怎樣的結果。開車的人經常遇到被堵在高速公路上的痛苦經歷。在高速公路邊上有一條道，是緊急通道，每隔一段距離，還有緊急停車的位置。而緊急通道是不允許車輛隨便通過的。但是，每當發生交通故障時，不僅行車道上排滿了被堵塞的汽車，而且緊急通道上也塞滿了汽車。然而交警接到報警後趕來處理，卻心有餘而力不足，因為交警無法到達事故現場，疏散人群指揮車輛。而那些搶緊急通道的人，就是「欲速」，但他們這樣做的結果是，讓大家都陷入「不達」的狀態當中。這就是不遵守交通規則、妨礙效率的經典案例。

狼從來都不會違背紀律的規定，它們就算是戰死沙場也要維護紀律，因為他們知道只有維護了紀律，才會獲得更多的食物，否則可能被獵物所獵殺。其實對於我們人來說，紀律是動搖不得的，不要憑藉感官直覺來判斷紀律與效率的關係，只要記住維護紀律和提升效率不矛盾就可以了，成功與否掌握在你的手中。

律己才能律人

——作為一隻狼王，時刻要準備面對各種挑戰，來自團隊的公狼的挑戰以及外界狼族的挑戰。狼王之所以每次都化險為夷，依靠的不僅僅是實力和權威，成功的狼王都懂得一個道理——征服下屬不僅僅是依靠自己強壯的體格，更重要的是要有深得狼心的品德。

這句話出自某位名家，他說：

「喪失了財富，可說沒喪失什麼；喪失了健康，等於喪失了某些東西；但當喪失品德時，那就一切都喪失了。」

紀律包括他人要求的紀律和沒有他人要求下自覺的紀律，兩者有重疊的時候，可以稱之爲「他律」與「自律」。紀律的最高境界是自覺的紀律，即沒有人給你制定紀律，沒有人來約束你，你也能夠嚴格要求自己。這是需要堅強的意志才能夠做到的。

有一次，列寧到一個地方開會。走到會場門口，被衛兵擋住了，要檢查他的證件。後邊走來一個留小鬍子的人，向衛兵說：「這是列寧同志，快放他進去！」衛兵回答說：「我沒見過列寧同志。再說，不管是誰，都要檢查，這是紀律。」列寧出示了自己的證件，衛兵一看果然是列寧，馬上敬禮說：「對不起，列寧同志，請您進會場吧！」列寧握著衛兵的手說：「我們每個人都要遵守革命的法規，衛兵同志，你履行了自己的職責，做得很對。」

狼群有著嚴格的紀律，成年後的公狼可以挑戰狼王，但過程中不允許有不公平發生，母狼們站在一邊觀看，監督整個打鬥的過程，如果挑戰成功，那麼群狼就會尊它爲新狼王，失敗者要麼死亡，要麼受傷離開狼群。

「成者爲王，敗者爲寇」，狼王爭奪戰便是這句話的眞實演繹，即使輸掉王位，頭狼也不會越雷池一步，利用狼王的權力限制其他強壯的公狼爭奪王位，做破壞紀律損害紀律的事。這樣鐵打一樣的紀律旺盛了狼族的生命力，每位新狼王對於紀律都是絕對遵守，所以狼群中不斷有更強更優秀的領導者誕生，淘汰那些實力已經衰落的權威，爲狼群謀取新的生路，帶領狼群化解危難，使整個狼族在歲月的沖刷下不斷地繁衍生息。

這一年夏天，周恩來總理去北戴河，需要看世界地圖和一些書籍。工作人員給北戴河文化館打電話，轉告對方說有位領導要看世界地圖和其他一些書籍。接電話的小黃回答：「我們有規定，圖書不外借，要看請自己來。」周恩來便冒雨到圖書館借書。小黃一見是周恩來，心裡很懊悔，總理和藹地說：「無論誰都要遵守制度。」

俗話說：無規矩不成方圓。故事中，周恩來爲這句話作了最佳的詮釋。倘若周恩來借用自身的權力獲取一時便利，那麼紀律在小黃心中便沒有了標準，認爲高官強權惹不起，紀律約束不得，之後再有人利用領導的名義謀取私人便利，看管人員就失去了執行力，一些喜好渾水摸魚的人，很可能趁此時機做出非法的事，不僅損害文化館的形象，而且還可能造成極爲不良的後果。

一個學校沒有紀律，學生們就不知道依照什麼樣的準則去行事；國家沒有紀律，人們就將迷失於是非善惡的海洋。

紀律就好比航線，一旦飛機、輪船不按照預定的航線行駛，看上去它們有了自由，可以任意而行，實際上它們長久地失去了方向，再也不知道該前往哪裡。作爲一個領導者，遵守紀律或許不會直接得到好處，但是一旦搞特殊化，淩駕於紀律之上，立馬就會見到壞處。

狼被人們視爲凶狠、殘暴的動物，周身充滿著野性，極其難以馴服，這種頑強的抗爭精神讓它們在自然界中得以生存，也同樣留下了「冷血」的惡名。食肉動物中，人類馴服了所有的獵食者，但唯一的例外就是狼。

一口鋒牙利齒，外加狡詐的眼神，雪域或草原中瘋狂地追趕著獵物，這就是人們對狼的全部印象，狼群更多時候展現的是冰冷。實際上並非如此，狼群有著它們獨特的道德標準，就拿狼王來說，它不僅是狼群中力量最強壯的、經驗最豐富的，同樣也要有良好的品德才會得到大家的認同與服從。

每次圍捕行動時，狼王都要身先士卒當領路人，當開拓者的形象。在捕獵任務進行前，要制訂具體周密的計劃，調動狼群的積極性，協同作戰，通過不斷的眼神、肢體、氣味、吼叫等深度交流，做到以德服衆後，狼王才眞正的被狼群接受。反之，便會有新的公狼挑戰狼王，替代它的位置。

一隻狼王想要在狼群中立足要靠「狼德」，同樣，作爲一個領導來講，在團隊中具備超人的經驗、能力雖然必不可少，但最爲關鍵的仍然是「仁德」。多數員工都會期盼著自己的領導：德行兼備、一身正氣，而不會希望自己的領導：四處鑽營拍馬，不知廉恥謀利。所以說，有「仁德」或許不意味領導能獲得大成功，但沒有這一點是絕對會失敗的。

強大的狼族如果沒有明確的分工，沒有嚴格的紀律，那麼再強壯的狼王也無法使狼族命運得到延續，在不斷惡劣的競爭環境中，被淘汰只是時間早晚的事，因爲沒有紀律的狼族就是一盤散沙，無法形成合作就等於末路。

狼的智慧就在於，紀律面前人人平等，或許它們起初並不懂得為何要這樣做，但是它們長久堅持。狼王的職責是為狼群服務，而不是只當老大去攫取其他成員的果實，或者出於私心與利欲擺布其他成員。

如今，在一些企業中會有這樣的現象：工作紀律性差的人，通常都是有一定才華的人，至少是智商比較高的人，但這種人大都自以為是，很難合作。同時也有很多頗有才華的人到頭來卻也不了了之，其境況甚至不如很多看起來有點笨拙的人。

有才華的人常常不謙虛，自以為了不起，不肯向他人學習，有時候錯了，也不願意承認自己的錯誤；有才華的人常常不踏實，夸夸其談，好高鶩遠，不肯一步一步走下去，時時夢想著一步登天；有才華的人常常缺乏團隊精神，瞧不起他人，不願意與人合作，也不肯接受他人的配合，喜歡持才傲物，做個人英雄。

最致命的一點是，有才華的人常常紀律性差。他們覺得自己有本事就夠了，不肯接受約束，更不願意提升自律能力。沒有紀律性，常常表現為服從意識差，上司叫他向東，他認為自己比上司聰明，偏要向西衝，結果往往把事情搞砸。這就是「聰明反被聰明誤」。其實，不守紀律的人，在團隊中不但是一個令人頭疼的麻煩製造者，也是典型的討厭鬼！

心胸多大，事業就多大

——一個成功的領導者須具備三個因素：目光、胸襟和實力！

現代管理學理論之父切斯特・巴納德說：

「只有氣度小的人，才會處處維護自己的尊嚴。」

「勿以惡小而爲之，勿以善小而不爲。」

每一件小的壞事都是一粒種子，一天不去鏟除，日積月累，小事就長成了一個大大的惡果，到時候後悔也來不及。同樣的道理，很小的一件善事，一直堅持去做，自然也收穫美好的結局。由此可見，好的德行是積少成多的過程，是一種穩固的價値，讓人見到就想要親近它、擁護它，在這樣不斷地自我完善下，最終成爲具有美德的人，成爲讓人心服口服的非凡領導。

狼嚎對於人類來說是一種危險的兆頭，如果在廣闊的草原上聽到這樣的聲音，很有可能是狼王發出了聚集所有成員開始捕獵的信號。而事實上，狼嚎還有一種用途，那就是打破一切等級界限。狼群會選擇合適的時間、場合和機會在一起嚎叫，這意味著所有森嚴的等級在這一時段暫停，一切等級界限都消失，狼展現出內心最眞實的聲音。在這樣的夜裡，沒有哪一種聲音能與狼群異乎尋常的嚎叫相比，那種陰森、淒楚的調子，既可怕又動聽，充滿魅惑。

狼王雖然是狼群至高的領導者，不過在一同嚎叫過，它也是一名普通的隊員，從這個角度看，未嘗不是一種寬容的氣度，狼王通過這樣的方式，直接了解每個隊員內心眞實的感受，從而制定更爲具體的分工措施，讓整個狼群變得更加團結。

現實工作中，對於一個團隊來講，狼嚎式的交流很大程度上可以密切成員關係。優秀的團隊成員之間交流融洽，即使發生衝突和矛盾也能很好地處理，工作中可以做到取長補短，互相鼓勵，共同提高，以最佳狀態爲全隊作貢獻，而這一切的掌控者便是團隊的領導者。

心胸寬則能容，能容則衆歸，衆歸則才聚，才聚則團隊強，這是團隊取勝的根本，也是團隊健康成長的基礎。心胸寬則思路廣，思路廣則出路多，出路多則競爭力強，競爭力強則團隊興。什麼樣的領導手下有什麼樣的團隊，一個領導如果懂得以上這些道理，勢必能帶出一支有大成就的團隊。

戰國期間，有一次楚莊王出征凱旋歸來，在京師之中宴請文武百官時，風吹滅蠟燭的片刻，有一個人抓住了楚莊王愛妃許姬的衣袖，黑暗中許姬隨手抓住對方的纓帶，並要求莊王馬上點燃蠟燭，嚴懲那人。不過，莊王卻不動聲色，相反他命令所有宴會人員都要解掉纓帶，摘下帽子，暢懷痛飲，大家盡歡而散。這就是楚莊王氣度的超人之處。

不久，他在興兵討伐鄭國時，手下一名叫唐狡的步將，十分驍勇善戰，威震敵膽，取得了顯赫戰功，莊王對他進行了重賞，唐狡卻婉言拒絕了。莊王對此非常驚訝，並且問他為什麼。唐狡說出了緣由，告訴莊王宴會上是他抓了許姬的衣袖，大王卻沒有因此判他死罪，他感恩不盡，所以願意用命作為對大王的回報。

正是楚莊王寬廣的胸懷，才獲取了唐狡殊死奮戰的回報。領導者在團隊充當的角色就是楚莊王，在團隊管理中要允許他人犯錯，要有諒解他人缺點的心胸，這樣才能牢牢籠絡人心，成為眾人推崇的王者。

作為團隊的靈魂，領導帶頭樹立人人為我，我為人人的觀念，使得整個團隊具備了強大的凝聚力，不失為團隊管理的上上策。強調個體價值的時代，每個人都有自己的想法，如果每個人都依照個人的方式行事，團隊必將四分五裂。所以說，唯有相互包容，才能共同成長。唯有能容人，才能被他人所容，畢竟沒有人願意主動走「獨狼」路。

有了寬大的胸懷便有了處事的基礎，有了獲取大成的基礎，身爲團隊領導者容人便是必備的品質。心中能容一個班的人，職位就是班長。能容一個團的人，職位就是團長。能容億萬人的人，才是眞正的首腦和領袖。現代企業家和團隊領導者就是要以領袖、首腦的心胸來激勵自己，才能夠符合企業發展的需要。

一支優秀的團隊必然是一個寬容的團隊，能夠凝聚各方力量的團隊，能夠觀察到個人優點和缺點的團隊，只有這樣全方位的看待，才能在競爭激烈的社會中擰成一股繩，實現共贏。

你可以沒有學歷，沒有經驗，沒有背景，因爲這只會影響你立足的穩度，但只要你有容納天下的氣度，那麼，你便可以長久地與成功接壤。

一名優秀的領導者，首先具備的素質便是寬廣的胸懷。

每個人眼裡世界的顏色都不同，一種顏色本身難免顯得單調，只有多種顏色相互組合，才能創造出奇幻的效果。

狼的團隊之所以非常和諧，並不是因爲簡單的紀律約束，這其後也蘊涵著狼王的胸懷和高超領導藝術，只有在這樣的指揮下，狼群才能夠實現長久興旺。

所以說，一個領導者心胸有多大，事業便有多大；思想有多深，未來就有多遠。未來的競爭，決勝於胸懷，胸懷的度量是一個領導優秀與否的最終標準。所謂「銳氣藏於胸，和氣浮於面」，虛懷中充盈，謙遜中完善，能做到如此虛懷若谷的領導者必定事半功倍，享有大成。

關鍵時刻要勇於承擔一切

——在需要下決心的時候，敢做出驚人之舉，不僅要靠快速敏捷的反應，更要靠足夠的膽量和氣魄……

法國大文豪雨果說：

「我們的地位越高，責任就越重，權力的擴大使責任加重。」

一九四〇年6月5日，這是法國歷史上災難臨頭的日子，希特勒法西斯軍隊以閃電戰的攻勢，徹底粉碎了法國軍隊依賴馬奇諾防線的夢想，迅雷不及掩耳地撲向巴黎。潰不成軍的法國部隊立即宣布巴黎為「不設防城市」，轉眼間，這個世界上最繁華的大都市，已變得十室九空，一片混亂，條條通往南方的公路上，被逃難的人群堵塞得水泄不通……

14日，德軍像蝗蟲般地湧進巴黎。

16日，逃往波爾多城的總理雷諾辭職，由主張投降的貝當元帥接任。

敗局已定，無法挽回，百分之九十的法國人，已絕望地準備忍受身爲亡國奴的屈辱……

這時候，卻有一個人——他的名字起碼也有百分之九十的法國人未曾聽過，這位十一天前才被流亡政府破格提升爲國防和陸軍部次長的現役軍人名叫戴高樂，當天晚上他徹夜難眠，內心被一種既強烈又恐怖的預感籠罩著。

當戰爭打響前，他曾做出驚人的預言，斷定只相信防禦而不注重機械化武裝的法國軍人，最終必定敗亡，而當這一悲劇終於應驗，整個法國都將在德軍炮火面前垮下去的時候，他又獨具慧眼，清醒地看到戰爭並沒有打完，而僅僅是開始而已！

我們無法確切地了解此時戴高樂的心中，到底在想些什麼，但我們至少可以相信，他一定正被一種超人的預測力所震撼，渾身熱血洶湧，迫使他不得不做出驚人之舉。

面對新上任的政府首腦——他的恩師，他崇拜過的偶像，是只顧軍人服從的天職，還是成政府的叛逆，軍隊的抗命者；是害怕殺頭的風險，顧惜身家性命，保全高堂老母，還是突出重圍及時出走，救亡圖存？

歷史學家在描繪這一夜的戴高樂時寫道：「在做出這偉大抉擇的前夕，他在狂亂的，充滿陰謀的，大唱高調的波爾多城，東奔西走。一會兒他幾乎沈默不語地，突然出現在省政府的一個辦公室，一會兒他高喊一聲，驚恐般奔出去，出現在省政府的一個柱子後面；甚至粗魯地向一位手足無措的朋友，大肆挑釁……」

一個偉大的歷史人物就在這樣的時刻脫穎而出。第二天上午，改變法國命運的歷史性時刻終來臨。當戴高樂代表法國政府送別英國的波爾斯將軍回倫敦，一群官員到達機場，將國賓送上旋梯，就在飛機即將滑向跑道之際，戴高樂突然鑽進了艙門，飛機頓時騰空而起，在場的其他法國官員，全都被這千鈞一髮的場面驚得目瞪口呆……

當天晚上，法國流亡貝當政府的總理在電台宣布投降。就在大多數法國人聽了貝當的求和廣播後潸然淚下，無可奈何之時，臉色蒼白的戴高樂坐在英國BBC廣播公司播音室的話筒前，一綹鬈絲緊貼著他的前額，冰冷的雙唇吐出那低沈、緩慢而飄忽的聲意——

「……我是戴高樂將軍，我現在在倫敦，我向目前在英國土地上，和將來可能來英國土地上的持有武器，或沒有武器的法國官兵，發出號召，我向目前英國土地上，和將來有可能來到英國土地上的軍火廠的一切工程師和技術工人，發出號召，請你們和我取得聯繫，無論發生了什麼事，法國抵抗的火焰不能熄滅，也絕不會息滅……」

這是一個鮮爲人知的無名小卒，在麥克風前發出的孤獨的聲音，甚至連當時的BBC電台也沒有依慣例，爲他做一份錄音拷貝。然而，這微弱的聲音卻喚醒了法蘭西共和國瀕臨絕氣的靈魂，也預示著一個勇敢輝煌的個人前程。

戴高樂在關鍵時刻鋌而走險，當機遇逼近之時，敢於冒一切風險迎頭出擊，這除了靠抓住時機快速敏捷的反應外，更需要足夠的膽量和勇氣。在需要下決心時毫不遲疑，敢於做出驚人之舉，這正如一位古希臘哲學家所說的——「眞正的偉人，就是像那樣無所畏懼的凡人。」

狼知道不爲明天做好準備，就永遠不會有未來了。在各種食肉動物當中，狼是少數懂得儲存食物的動物之一。在寒冷或者乾旱的季節，草原上的食物少得可憐，狼群經常是飢腸轆轆的。但是即使在這種情況下，狼群仍然會把一部分圍獵取得的食物儲存起來，以備做更艱苦時的「救命之糧」。

俗話說：「人無遠慮，必有近優。」就是告誡人們要居安思危，要有憂患意識，這樣才能防患於未然。一個人是這樣，一個地方乃至一個國家、一個民族都是這樣。因爲憂患意識是人的理智的反映，是智者智慧的表現。越是清醒、明智的人，就越能預見前進道路中的困難、危險和可能發展中的危機。

日本是一個島國，除了地震頻發外，各種資源的生產也十分有限。但這種客觀的自然條件，造就了日本人強烈的憂患意識。

下關是個港口城市，有幾條航線可以直達上海、青島、大連等城市。出出進進的船依然很多，有不少是來自中國的貨船。這些船運來的大多是山西和東北的優質煤。

但是，令人驚訝的是，他們進口我們的煤現在並不用，而是用巨大的混凝土盒子，把運來的煤裝進去密封起來存放到大海裡。這些年存放起來的煤，已經相當於一個中等煤田了。

這還不是最令我們震驚的。日本煤田很少，他們買了煤存放起來慢慢用可以理解，但是，我們都知道日本的森林覆蓋率是世界上最高的幾個國家之一，比我國高好幾倍。而且，木材不像煤，用完了就沒有了，它可以再生，伐一些，再栽上，幾年過去又成材了。但日本人不這樣想，他們嚴厲禁止砍伐木材，卻大量從中國進口木材。

北海道的札幌港口同下關一樣繁忙，看到有很多船是從大連來的，裝的都是中國東北的原木。而站在札幌的一個制高點上極目遠眺，我們看到的是無邊無際的原始森林，甚至就在港口卸木材的岸邊，那些比運來的原木還要粗的大樹毫髮無損地站立著，一車車木材從那一排排茂盛的大樹邊上通過，運到他們的城市裡。

日本人之所以這麼做，是因爲他們擔心一旦有一天，資源短缺了，這些儲備起來的能源就是他們的救命草。日本人的這種強烈的憂患意識確實讓人們深思與學習。

所以，眞理從來都是最樸實的，成功的密碼從來也都是盡人皆知的，只是很多時候很多人把這些再簡單不過的東西給忽略了，他們把成功想得過於複雜，把事情想得太過複雜，所以即使他們正在占有著成功的資源，他們自己卻可能不知道。

這就是眼光的問題，狼的眼光決定了它們總是能尋到更廣闊的生存空間，不拘泥於某個狹隘的地方。這也是我們人類應該具備的前瞻性，每一個想要成功的人都應該留心、留意發生在自己身邊的所有事情，這樣能夠幫助我們認識更多的問，開拓更爲廣闊的空間，從而擁有長遠的目光，取得更大的成功。

第八章

以無路可退的精神，繼續前進吧

——狼道：生命就是每天都要用力呼吸

狼道，是發掘機遇的慧眼；
狼道，是順勢而為的權變。

積極的進取心

——也許我們不是最偉大的動物，但是我們是這個地球上最為堅韌的動物。誰也別想輕易地讓我們改變，更別想隨隨便便就可以打敗我們——這就是我們狼群一族的偉大性格。

西方兵聖，德國最強的軍事理論家克勞塞維茨說：

「剛強的人儘管內心很激動，但他的見解和信念卻像在暴風雨中顛簸船上的羅盤，仍能準確地指出方向。」

生活目的是沒有界限的，而真正的界限卻是：你是繼續前進，還是停滯不前，甚至放棄。所以，問題的關鍵在於你是否「往上爬」。你「往上爬」的具體目的可以想像得到，比如為了得到市場的占有率、得到較好的職位、改進人際關係、把要做的事情做好、完成一次教育、培養好孩子、在你有限的一生中做點有意義的貢獻等，這些動力和意願都是人們絕對需要的。成大事者對自下而上進步、達到他們的目標以及實現他們的夢想，都具有強烈的渴望與企圖心。

眞正有進取心的人是那些將自己整個生命都獻給「往上爬」的人。無論背景如何、優勢或劣勢、好運或壞運，他們都會不斷地「往上爬」。

鋼鐵大王安德魯·卡耐基曾經說：「我不會幫助那些缺乏成爲企業領袖的盛裝的年輕人。」要敢於樹立這樣的目標：要成爲主管、經理和執行長。不管你目前的職位如何，仍然應該告訴自己：「我的職位應在更高處。」要敢於夢想，要立下決心——得到那個讓人羨慕的職位，並且絕不半途而廢，發誓一定要盡所有的力量爲這個而努力。

是不是認爲他們可以成爲成大事者，是不是認爲他們具有與衆不同的價值，經常有些年輕人這樣問安德魯・卡耐基。他回答說：「你當然可以成大事。我覺得你完全有成大事的潛力，但不知道你是否一定能成大事。這完全取決於你自己。如果你有去爭取成大事的進取心，那麼，沒有什麼可以阻擋你；如果你沒有這樣的力量和願望，那麼，再好的教育、再有利的外界因素，都不足以把你推向成大事者。」

進取心是一個人生命中最重要的一部分，這種態度是對自己的評價和對未來的期望。如果你的庇度是消極而狹隘的，那麼，你的人生就是平庸的。你必須以高於普通人的眼光來看待自己，否則，你只是一個小職員。你必須堅信自己能擁有更高的職位，以督促自己努力得到它；否則，你永遠也得不到。不要懷疑自己有實現目標的能力，否則，就會削弱自己的決心。只要你在做著達到美好明天的夢，你就已經向你的夢想目標走去了。

毫無疑問，有大量的人選擇放棄、逃避、退卻。他們都是放棄進取心的人。放棄者的典型特徵就是放棄攀登，拒絕山峰為他們提供的機會。他們忽視、掩蓋並且拋棄往上爬，這樣他們就失去了這一力量的引導，生命向他們提供的許多東西他們也得不到了。

半途而廢的人是最讓人感到惋惜的人。他們與放棄者、攀登者不一樣，他們爬到一定的程度就會停下來，並說：「這是我能（或我想）到達的地方。」由於，他們不想繼續攀登（甚至害怕），所以就結束了「往上爬」的進取心，並為自己尋找一個舒適的、讓人滿意的高處，以逃避可能發生的逆境。

亞伯拉罕．林肯被一種神秘的力量將其從小木屋中推向了白宮。北極探險家羅伯特．比利樹立了征服地球極點的目標。同樣，堅定的理想使得年輕的班傑明．迪斯雷里從英國的下層社會奮鬥到上層社會，發展到一個世界大國的首相，成為了社會和政治權力的中心力量。

所有來自社會底層的成大事者都有著相似的經歷，他們在自己前進的道路上都受到內心力量的有力牽引，這種力量幾乎無法抗拒。

生命中最神奇和最有趣的東西是進取心這種內在的推動力。它存在於每個人身上，和自我保護的本能一樣明顯。在這種求勝的本能的驅使下，人們走進了人生賽場。最後請你牢記進取的力量在於：能讓你從一個弱者變成一個成大事的人！

要想成爲一個有進取心的人，你必須克服拖延的習慣，把它從你的個性中除掉。這種把你應該在上星期、去年甚至於幾年前就要做的事情拖到明天去做的習慣，正在啃噬你意志中的重要部分。除非這個壞習慣被你仍掉，否則你任何成就都得不到。

「有兩種人絕不會成大器，一種是非別人要他做，否則絕不主動做事的人；另一種人則是即使別人要他做，也做不好事情的人。」這是成功學家戴爾・卡耐基說過的話。

那些不需要別人催促，就會主動去做應做的事，而且不會半途而廢的人必將成功，這種人懂得要求自己多付出一點點，而且做得比別人預期的更多。個人進取心，是你實現目標不可缺少的要素，它會使你進步，給你帶來出人頭地的機會。

做一個會說「不」的人

——生活不是筆直通暢的走廊，我們時常會陷入迷茫，但如果我們深信不疑，有扇門一定會為我們打開，它就是成功之門！

創新工場的董事長李開復說：

「懂得拒絕，才有高效率。」

在生活中，不知道一些人始終在膽怯什麼。自己原本不情願的事，還是硬著頭皮去做，甚至那些不值得的事。比如，一位總經理叫他的女秘書，去陪一個老板吃飯，那個女秘書心裡是很不情願的，但既然總經理提出了，還是答應去了，可在現場的表現卻與她平時的辦事風格相差甚遠，最終還是挨了總經理的罵，甚至差點丟掉自己的飯碗！

其實，有些時候有些事情可以委婉地拒絕，既然自己沒必要去做，何必逼迫自己去做呢？甚至，你自己去做了，也不一定能得到別人的讚賞，還不如早點拒絕的好，免得自己不開心。所以，有些事人們應該敢於說「不」。

現實中生活總有那麼多無奈。有些時候，總是開不了口說「不」。想開口的時候，左思右想前望後看，因爲往往要顧及身邊人、周圍人、對你有利害關係的人、愛你的人、你愛的人，怕傷害人，也怕被人傷害，所以說「不」的勇氣也就蕩然無存了。

喜劇大師卓別林曾說：「學會說『不』吧！那你的生活將會美好得多。」

「助人爲快樂之本」，是人人都可瑯瑯上口的一句格言，但是，當別人前來要求協助時，難免會遇到自己力不從心的時候，這個時候該如何拒絕呢？

有的時候，想拒絕對方，又因爲不好意思而又不敢明說，致使對方摸不清你的意思，而產生許多本可以避免的誤會。比如當你語意曖昧地回答：「這件事似乎很難做得到吧！」原來是拒絕的意思，然而卻可能被認爲你同意了，如果你沒有做到，就會說你沒有遵守自己的承諾。

其實，在生活中還有很多這樣的事例。學會說不，是種自我尊重，只有自己尊重自己，別人才懂得如何尊重你。一味的好心，不止加重了別人的依賴，同時也加重了自我的負擔。這種好心，不僅害了自己，也害了別人。

大家都是凡人，不說「不」的目的無非是怕得罪人，怕失去朋友，怕別人說自己太個別，怕丟面子。其實細想起來，心口不一地應酬來應酬去，結果還是常常不知不覺地得罪了人。

與其小心翼翼地爲別人活著，還不如多說幾個「不」字，理解你的人不會介意，介意的人不理解你，不理解你的人，又何必和他做朋友呢？所以，大膽地說出「不」字，是相當重要卻又不太容易的事情。

以下是幾種如何說「不」的建議：

（一）直接分析法：直接跟對方說明拒絕的客觀原因，包括自己的狀況不允許、社會條件的限制等。通常這些狀況是對方也能認同的，因此較容易理解你的苦衷，自然會自動放棄說服你，並讓他感覺你拒絕他不是沒有道理的。

（二）巧妙轉移法：不方便直接拒絕的時候，可採取迂迴戰術，轉移話題或是另有理由，主要是善於利用語氣的轉折——溫和而堅持——絕不會答應，但也不致撕破臉。比如，先向對方表示同情，或給予讚美，然後再提出理由，加以拒絕。由於先前對方在心理上已因爲你的同情使兩人的距離拉近，所以讓他感覺你拒絕他也是可以理解的。

（三）不用開口法：有的時候不方便去開口拒絕對方，往往在心中演練多次該怎麼說，一旦面對對方又下不了決心，總是無法啓齒。這個時候，肢體語言就派上用場了。一般而言，搖頭代表否定，別人一看你搖頭，就會明白你的意思，下面你就不用再說什麼了，面對推銷員時，這是最好的方法。另外，微笑中斷也是一種「不」的暗示，當面帶笑容的談話，突然中斷笑容，便暗示著無法認同和拒絕。類似的肢體語言包括，採取身體傾斜的姿勢、目光游移不定、頻頻看錶、心不在焉……但是別忘了也要顧到對方的自尊心哦！

（四）一拖再拖法：假如是你已經承諾下來的事，還一拖再拖那是不行的，這裡的一拖再拖法指的是——暫不給予答覆，也就是說，當對方提出要求時你遲遲沒有答應，只是一再表示要研究研究或考慮考慮，那麼聰明的對方馬上就能了解你是不太願意答應的了——不過這是最差勁的做法！

在順境中跌倒的人

——在這個世界上，最偉大的成就並非那些永遠立於不敗之地的人；而是那些跌倒之後，能夠再爬起來的人。

香港名女作家李碧華說：

「叫閣下跌倒的是你自己的無知，非關人家手段高明。」

在狼的一生當中，雖然大部分時間都是處於戰鬥和危機當中，但是在與環境鬥爭、爲生存戰鬥的間隙當中，還是有一些閒暇的「娛樂時間」的，儘管這短暫的「休閒時光」彌足珍貴，但是狼群還是保持足夠的警惕。在任何休息的時間，頭狼總是會安排幾隻強壯的成年公狼擔任警戒的任務，有任何的風吹草動，全體狼群都會馬上行動起來，投入到戰鬥中去。

在人的一生中，有順境，也有逆境，而且兩者往往交替出現。正如那波濤滾滾的大海，有風和日麗的日子，也有風雨交加的時候。這是客觀存在，不以人的意志爲移轉。我們要想取得成功，固然在逆境中要有戰勝一切的勇氣，同樣在順境中也要有防微杜漸、迎接未知挑戰的準備。

在一望無邊的大草原上，一隻狐狸吃飽了，安適舒服地躺在草地上曬太陽。這時候，一隻狼氣喘吁吁地從它身邊經過，焦急地說：「你怎麼還躺著，難道你沒聽說，獅子要搬到咱們這裡來了，還不趕快去看看有沒有別的地方適合咱們居住。」

「獅子是我們的朋友，有什麼可怕的，再說這裡的羚羊這麼多，獅子根本吃不完，別白費力氣了。」躺著的狐狸若無其事地說。

那隻狼看自己的勸說沒有效果，只好搖搖頭走了。

後來，獅子眞的來了，但由於獅子的到來，整個草原上的羚羊都飛快地逃命去了，片刻工夫，已不見一隻羚羊了，這時大草原上就只剩下這隻狐狸。獅子一看，羊沒有了，那就將就一下，就一口氣就把狐狸給吞了。

這個故事告訴我們，危險無處不在，唯有踏踏實實地做好準備，才是眞正的生存之道。否則，當你醒悟過來的時候，危險早已經降臨到你的頭上了。

在這種情況下，如果你不想被你的工作所淘汰，你就要有意識地多做準備，在工作中逐步提高自己的能力，而且這種提高的速度比環境淘汰你的速度要快。

多一分準備，少一分風險。你意識到了嗎？

防患未然與亡羊補牢處於同等重要的位置。防患未然首先是承認危機的客觀存在，防患未然是減少錯誤的必要手段。防患未然可以讓我們在出手時獲勝的概率增大。但既然是概率就必然存在錯誤的可能，即使是百分之九十九的成功，失敗的百分之一可能還是存在的。但如果出現錯誤怎麼辦呢？那立即可以啓動亡羊補牢機制，啓動風險應急方案。因此，亡羊補牢的本質是風險應急機制。

生存無小事，這是狼群永遠的座右銘。從狩獵到嬉戲，從生育到成長，任何一點差錯對於與自然抗爭的狼來說，都可能是致命的。所以，狼在抓一隻兔子或圍獵一千隻黃羊時，都同樣聚精會神，全力以赴。因爲它們知道，只有把小事當大事來做，生存才會更容易、更美好。

不懂變通的人不會贏

——也許你曾經看到我們避開逃走，但那不是我們最後的形象，在自然界中，雖然我們不是最強大的，但是我們是最無畏的。在我們的內心裡，只有戰鬥，戰鬥到最後一刻。因為那就是我們的生活。

法國詩人拉封丹說：

「若不團結，任何力量都是弱小的。」

爲了生存下去，狼緊緊地團結在一起，它們團結合作的精神和技巧，即使是人類也難以望其項背。一隻狼捕捉一隻黃羊都很困難，但是幾十隻狼團結在一起，卻可以成功圍獵數百乃至上千隻的黃羊群。

在渺無人煙的草原上，狼群就是眞正的王者。即使是百獸之王的老虎，看見了狼群也只有退避三舍。這是爲什麼？一方面當然和狼的勇敢凶猛分不開，最主要的是狼往往是群體活動。俗話說「隻拳難敵四手」，狼的勇敢加上群體優勢，使它們縱橫草原，無人能擋。

在非洲的熱帶雨林當中生活著一種螞蟻，它們在遭遇危險的時候，總是會忽然聚集在一起抱成一個大球。蟻后在球的正中間，根據數量的不同，蟻球的直徑根據蟻群的數量由一尺到一米多不等。碰到山林火災的時候，一個大球從火場迅速滾到安全的地帶，儘管球最外側的螞蟻被燒得「劈啪」作響，但是仍然緊緊抱住不放。

更神奇的是，這個「蟻球」可以自己渡過湍急的河流，有人就目睹了這一壯觀的場面：一場暴雨過後，山洪爆發，一個直徑一米多的蟻球從叢林中滾了出來，「一頭」扎進洶湧的河裡，外邊無數的螞蟻紛紛被淹死，但是整個蟻球卻迅速地向前翻滾。等到達對岸的時候，蟻球只剩下大約一個足球那麼大，但是整個螞蟻部落還是完整地幸存了下來。

單隻的螞蟻是弱小的，我們拿一個手指頭就能把它摁死，但是成千上萬隻螞蟻團結起來，卻可以吞噬一整頭大象，可以從山火中逃脫，可以渡過湍急的河流。我們拿螞蟻的智力和人類相比，其間的差距何止萬千，但是螞蟻懂得發揮群體的力量，它們建立的群體王國也要令人類刮目相看，這一點，我們人類應該向狼和螞蟻學習。

一個人的力量是有限的，但是很多人組成的群體卻可以移山塡海，可以飛越太空，這並不是什麼奇跡，而是團結的力量！

一位哲學家說過：「人的價值，除了具有獨立完成工作的能力外，更重要的是要具有與他人共同完成工作的能力。」

這種「共同完成工作的能力」就是群體力量的根源，也是推動人類發展的無盡寶藏。群體在公司中形成以後，會具有強大的優勢。

乾旱、寒冷等惡劣的環境，虎、豹等大型食肉動物的殘酷競爭，食物的日益減少，人類的步步緊逼，在食肉動物當中體型並不占任何優勢的狼為什麼能成功地生存了千萬年？答案只有一個，那就是合作。長期的自然選擇讓狼認識到，想要生存下去，除了合作，它們別無選擇。

人類也是如此，雖然人類社會中像狼一樣的觸目可見的赤裸裸的生存競爭並不明顯，但是那些看不見硝煙的競爭卻時刻存在，而且殘酷程度絲毫不亞於動物界。一個團隊存在的目的，就是展現其整體優勢，這種優勢通過什麼途徑才能更好地發揮出來？除了合作，別無他途。

微軟公司總裁比爾．蓋茨認為：「在一家具有整體高智商的公司裡工作的雇員，如果能夠有效地合作，就會使公司的聰明人彼此發生可能的聯係。即當這些高智商人才良好合作時，其能量將會衝出一條路：交叉合作的激勵會產生新的思想能量——那些不太有經驗的雇員也會因此被帶動到一個更高的水平上，從而實現企業整體利益的最大化。」

因此，任何出色的人都明白一個最簡單的道理：合則兩利，分則兩敗。這就像一棵樹，無論它怎樣偉岸、粗壯和挺拔，也成不了一片森林；一塊石頭，無論它怎樣大，也成不了一面牆。任何人要有所作爲，就須得把自己融進團隊之中，與大家共謀共籌、齊心協力，才能贏得發展。如果員工們在團結協作方面存在欠缺，那麼，企業很可能會因此引起混亂甚至傾覆。

在現在的社會當中，個人英雄主義的時代已經一去不返了，因爲靠個人單打獨鬥的方式已經無法贏得市場的決勝權了，只有通過團隊的合作力量才能提升企業整體的競爭力，這也就是大家常說的「衆人拾柴火焰高」。

二戰以後，日本的經濟遭受了沉重的打擊，但是資源稀缺、國土有限的日本卻在短短的十幾年內，實現經濟騰飛，迅速崛起而成爲世界第二經濟大國，其主要原因是得益於日本強調合作精神的企業文化。我們從下面的例子就可以看出冰山的一角：

井深大剛進索尼公司時，索尼還是一個只有20多人的小企業。但老板盛田昭夫卻對他充滿信心地說：「我知道你是一個優秀的電子技術專家，就像『好鋼要用在刀刃上』一樣，我要把你安排在最重要的崗位上——由你來全權負責新產品的研發，怎麼樣？希望你能發揮榜樣的作用，充分地調動其他人。您這一步走好了，企業也就有希望了！」

「我？我還很不成熟，雖然我很願意擔此重任，但實在怕有負重托呀！」雖然井深大對自己的能力充滿信心，但是他還是知道老板壓給他的擔子有多重——那絕對不是靠一個人的力量能應付得過來的。

「新的領域對每個人都是陌生的，關鍵在於你要和大家聯起手來，這才是你的強勢所在！衆人的智慧合起來，還能有什麼困難不能戰勝呢？」盛田昭夫很自信地道。

井深大一下子豁然開朗：「對呀，我怎麼光想自己？不是還有20多員工嗎？爲什麼不虛心向他們求教，和他們一同奮鬥呢？」

他找到市場部的同事一同探討銷路不暢的問題，他們告訴他：「磁帶錄音機之所以不好銷，一是太笨重——一台大約45公斤；二是價錢太貴，每台售價16萬日元，一般人很難接受，半年也賣不出一台。您能不能往輕便和低廉上考慮？」井深大聽了，點頭稱是。

然後他又找到信息部的同事了解情況。信息部的人告訴他：「目前美國已採用晶體管生產技術，不但大大降低了成本，而且非常輕便。我們建議您在這方面下功夫。」他說：「謝謝。我會朝著這方面努力的！」

在研制過程中，他又和生產第一線的工人團結合作，終於一同攻克了一道道難關，在一九五四年試製成功日本最早的晶體管收音機，並成功地推向市場。

索尼公司由此開始了企業發展的新紀元！

井深大就好像一個足球隊的隊長，在企業中充分地發揮了靈魂的作用，調動了每一個員工的積極性，把團隊的力量發揮到了極致，終於取得了偉大的成就。

日本企業文化的主要精神是團隊合作精神與創新精神。其團隊合作精神所凝聚的則是日本的民族的精神：在不利於民族生存、發展的外部自然環境中，日本人除了把個人融入團體，憑借團體的智慧與力量來贏得個人的生存發展，除了合作，他們別無選擇。

也正是這種團結、協作、同甘共苦、休戚與共，甘願爲團隊、民族、國家不計個人得失，勇於奉獻和勇於犧牲，也就是以民族精神爲主導的企業精神，使日本創造了世界經濟史上的奇跡。

現代生活中，一個缺乏合作精神的人，不僅在事業上難有建樹，更會很難適應時代發展的需要，很難在激烈的競爭中立於不敗之地。越是現代社會，孤家寡人、單槍匹馬，越難取得成功，越需要團結協作，形成合力。

當狼組成一個團隊的時候，我們往往可以看到其強大的攻擊能力。這時候，老虎、獅子都會對其退避三舍。古語有云：「兄弟一心，其利斷金。」可見，一個人的成功單靠個人的力量是不夠的，只有擁有合作，才能有機會與成功相擁。

就算再偉大的球星，離開了集體的配合，單槍匹馬，也是無法贏得比賽的；一支團結的球隊，才能成為一個有機的整體，才能在比賽時密切合作，贏得最終的勝利。

正確的時機：等待

——追逐獵物僅僅靠猛跑是不夠的，尤其在對付大群獵物的時候，必要的準備和步驟是獲得成功的基礎，而事前的謀劃是實現這一切的唯一保障。

德國作家，《狼的智慧》作者埃莉．H．拉丁格說：

「通過觀察它們的生活，我甚至覺得狼是如此偉大，它們完全可以成為某些人的生活導師。事實上，狼群儼然已經成為我生命的一部分，它們複雜的社會行為影響和改變著我，因為它們，我才有機會重新理解道德、責任與愛的意義。不僅如此，野狼還是我靈感的源泉，它們教會我以新的目光——狼的視角——重新審視世界。」

「絕不放棄。」想到溫斯頓．丘吉爾的這句名言時，我正在觀察聚集在河岸的六隻狼，它們面前的河水中站著一頭瑟瑟發抖的鹿。顯然，這頭鹿爲了躲避狼群，選擇逃到河裡，畢竟它有長腿的優勢。而對於狼來說，如果要抓住鹿，它們就必須下河游過去，但考慮到鹿善蹬的前腿，水戰太危險了。於是，狼群選擇分成兩組，分別趴在兩岸，耐心等待時機到來。

野狼的世界每天都在上演著成功與失敗，所以經驗豐富的頭狼都知道：與其鋌而走險，不如靜觀其變。

沒過多久，我又目睹了一場狼群狩獵，它們把一頭強壯的公鹿趕到危岩邊緣，然後像比賽中的拳擊手一樣，頻繁地在獵物周圍定位有利的進攻點，但再三思考之後，狼群卻放棄了獵物，因爲它們若是攻擊，就有可能和公鹿一起跌入20米深的峽谷。爲了不確定的成功而付出生命代價顯然是不值得的，最後狼群退回到草地上，而那頭鹿卻久久站在危岩旁。

我之前提到的，那頭躲到河水中的鹿可就沒有這麼幸運了，每次它試圖衝上河岸時，都被狼群重新逼回到冰冷的河水中。狼群知道，鹿的力氣終會被消耗殆盡。六個小時後，它們終於得償所願，可以大快朵頤了。

狼的優點在於能夠審時度勢，伺機而動，後發制勝。就像處在危岩的狼群，盲目邁出下一步並無意義，另辟蹊徑才是王道。智者絕不會將自己置身險境，而是以守爲攻，順勢而爲。在日常生活中，我們也會面臨各種抉擇，正確的做法就是停下來，分析形勢，權衡利弊，然後再做出決定。

〈中略〉

現在回想起來，我依然覺得在貌似沒有出路的時候，重要的不是立即做出決定，而是要忍耐，直到時機到來。

我曾經看到一隻小母狼嘴裡叼著一隻還活著的地鼠，然後把它放到地上，像貓一樣逗著它玩。母狼時而齜牙咧嘴，時而用爪子拍打小獵物旁的地面，抑或趴在旁邊發出呼嚕聲，以示震懾。但那隻勇敢的小地鼠不爲所懼，露出兩顆大門牙，小前爪朝著狼的方向，看上去好像要打拳擊。這場不公平的比賽持續了差不多10分鐘。後來，另一隻小動物吸引了母狼的注意力，地鼠便趁機迅速逃到了隱蔽處。

你看，這隻小地鼠面臨絕境時的求生勇氣，完全可以證明我剛才說的觀點。

頑強的意志和持久的耐力，是我最欣賞的狼的兩大特質。我個人的耐力不是強項，特別是在遇到困難的時候，總想著要立刻完成所有的事情。但是在黃石公園，我學會了重新定義時間這個概念，那就是不管你有多著急，大自然始終有它自己的節奏和周期。

〈中略〉

美國有一個番茄醬廣告，畫面上番茄醬源源不斷地滴落到漢堡上，廣告詞是：好東西都會留給耐心等待的人。這句話也適用於狼群，它們總是受命運眷顧，能夠在正確的時間守候在正確的地點。

二〇一一年5月，我花了一整天時間來觀察拉馬爾狼群中的一隻母狼。它只有一歲大，正在費勁地追趕羚羊。我憐憫地看著「她」，因爲「她」追趕的羚羊是陸地上跑得最快的動物之一，時速最高可達70英里，同時警覺性極高。對於這隻沒有經驗的小母狼來說，眞的是沒有什麼機會——我是這樣想的。其實狼群中的小狼大多是獨自追趕獵物，其他成員對它們沒有意義的莽撞行爲並不感興趣。我則饒有興趣地靜靜觀察著「她」，不知「她」什麼時候才能意識到，自己不可能追上羚羊。但是，突然有一隻羚羊陷進雪洞，被絆住了。這時小母狼衝過去，猛地咬住羚羊的腿，緊緊地按住它，直到其它同伴跑過來，最後，大家一起享用了美味。我的想法這麼快就被證明是錯的了，小狼的堅持讓「她」收穫滿滿。時至今日，那隻母狼已經成年，依然喜歡追趕羚羊。當然，可能這隻狼天生喜歡挑戰，又或許「她」每次嘗試都在期待著有什麼情況發生。總之，野狼再一次使我意識到：觀察的時間越長，我就越不了解它們。

與人類不同，野狼的行爲並不都是和成果、收益掛勾的。對於很多人來說，它們不允許自己犯錯，如果沒有成果就意味著恥辱，因受控於得失觀念，往往屢遭挫敗。人們忘記了嘗試學習新鮮事物本身就是件迷人的事情。所以，人類需要培養耐心這門藝術，其中的精髓便是學會接受自然的生命周期，不強求事情按照我們人類的時間表來發展。

（——以上摘自埃莉．H．拉丁格《狼的智慧》張靜、趙莉妍譯）

思路有多遠，就能走多遠

——狼性戰略在我們的實際工作當中，總結起來表現為以下四個方面：超乎尋常的忍耐力；敏銳的嗅覺和洞察力，及時有效的發現機會和敏感的問題點；果敢、奮不顧身的撲上去，抓住機會點，解決問題點；良好的團隊協作精神，勇於犧牲自己的精神，犧牲小自我，成就大家庭！

一九二一年諾貝爾物理學獎得主愛因斯坦說：

「人只有獻身社會，才能找出那實際上是短暫而又有風險的生命意義。」

一九一二年的那天晚上，在紐約市第一二五街微不足道的基督教青年會，二十四歲的戴爾．卡耐基就要去教他的第一堂課，如果那時候有人告訴他，他所開設的課程將會形成一種潮流，直接通過他的課程或經由他的著作，將影響到全世界三十六種語言，數以億計人的生活，他自己也絕不會相信！

那時候的卡耐基還沒有這樣走運，甚至連到底該幹什麼工作也不知道。這位出生於密蘇里州貧苦農家的男孩子，曾經是全校六百多名學生中五個住不起市鎮的學生之一。每天放學回到鄉下家中，不得不擠牛奶、伐木、餵豬。繁重的體力勞動，使他感到又累又苦，遂養成一種自卑的心理，因而時時刻刻都想尋求出人頭地的捷徑。

當時學校裡具有特殊影響和名望的人，一種是棒球運動員，一種是那些在辯論和演講中獲勝的佼佼者。他知道自己沒有運動員的體魄，就決心在演講比賽中獲勝，於是花費不少時間練習演講，結果卻一次又一次地失敗了，失敗帶給他的失望和灰心，甚至使他想到自殺。從此以後，卡耐基並沒有眞正找到自己最稱心如意的職業。

在快要畢業的那一年，他發現同班一位同學在暑假裡爲國際函授學校推銷函授課教材，每週可賺二十美元，還外加旅行費用，比他父親在農田裡辛苦工作所賺的錢，多出四倍以上。因此他便決定以推銷爲業，成爲每天兩塊錢薪水的函授學校推銷員。儘管他盡了最大的努力，但這裡的農人和小城鎮居民，卻並不認爲參加函授有什麼重要。因而他又受僱爲另一家公司推銷貨物，報酬比原來多出一倍，但不久又因爲偶然受到一個人的影響，改變主意報考了「美國戲劇藝術學院」。

作爲演員的卡耐基，唯一的一次演出，只是跟著一家旅行表演公司演了一年的小配角。他再次斷定自己幹戲劇這一行也是沒有前途的，於是又重操舊業，繼續當推銷員，仍然提不起精神。自己到底該幹什麼才有出路呢？

多年以後，已成名的卡耐基在一次演講中這樣說：「那時候我已經二十三歲了，我對自己說：卡耐基，這就是生活嗎？這就是你在大學裡夢想所要得到的嗎？還記得你原來想要完成的偉業嗎？……」

卡耐基空虛極了——因爲找不到究竟從哪裡入手才能走上正道。每天晚上回家，他都覺得頭痛不已。難道這一輩子就這樣混日子嗎？不，卡耐基這樣問自己，決心似乎更堅定了。他說：「這就是我一生的轉折點！我不要賺錢。我要過有意義的生活——這比掙錢吃飯更重要。」

從此，他發誓白天寫書，晚上去夜校賺取生活費，直到能夠出售自己寫的書爲止。於是，他努力從記憶中搜尋，發現以前在大學裡接受的公開演講課特別有實用價值，他便精心準備，然後到幾所大學謀取教職，但又連遭拒絕。他只好把眼睛瞄準門面較小最不引人注目的基督教青年會，費了好多口舌，這裡的人才勉強同意讓他試一試，這時候，卡耐基其實仍然不清楚自己到底該怎麼講，講什麼⋯⋯

第一次上課那天晚上，是卡耐基一生中最重要的時刻。他無論如何也想像不到，自己竟然一開場就卡住了。當他按科班教材的內容，照本宣科地說完後，離下課時間還差老長一截，幾十雙眼睛盯著他，已經開始顯得不安和煩燥了，情急之中，卡耐基突然最後一排中的一個人說：「請站起來，給我們做個簡短地即席講話。」

「講話？」學員丈二和尙摸不著頭腦，「我能講些什麼呢？」

「就隨意說說你自己吧，告訴我們一些有關於你的工作環境或日常生活發生的小故事。」卡耐基順水推舟地說了一句。

於是，這個學員說完後，卡耐基又請另一個學員說，然後輪流請在座的每一個學員說一遍。

「在不知道該怎麼做的情況下，」卡耐基後來坦白地說：「我無意瞎摸亂撞地找到了公共演說教學的最佳方法！」

這便是聞名世界的卡耐基成人教育事業的開端。誰也不曾料到，這種情況一套全新的教學方法最初的醞釀過程。卡耐基終於找到了事業的突破口，發明一整套讓學員付諸行動和共同參予的教學方法，從此亦使他成爲一名最能深入人心，激發人的潛能的成人教育家。他爲上課所撰寫的講義《人性的弱點》、《影響力的本質》等著作，迅速風靡全世界，躋身於國際暢銷書之列。

在陷於空虛無聊的時候，戴爾・卡耐基成功的關鍵在於他不斷地追尋新生活的目標，思路創新，開拓未來！

狼天生就喜歡探索，喜歡開拓新的領地，它們不喜歡在狹隘的空間中生存，因爲它們不甘於平庸。狼族爲了能夠在新的環境中生存下去，總是親身進行體驗和研究，拓展自己的生存空間和思維空間，它們總是把目光放得很長遠，爭取最大的機遇，贏得最後的勝利。

正如我們每個人走路都需要先用眼睛看路一樣，只有眼光首先看到的地方，我們最終才能達到，如果是眼光看不到的地方，那麼我們就很難到達。所以，一個人能夠取得什麼樣的成功，首先決定於一個人的目光有多遠。

狼道精神，主要闡述的是一種團隊分工合作，「我爲人人，人人爲我」的和諧社會。
狼的特質，幾乎代表了成功者身上所必須具備的所有特質。
所以說：讀懂了狼道，也就讀懂了人生。
最先適應新環境的人，必定是離成功最近的人。
一個人擁有什麼樣的性格，他就會擁有什麼樣的世界。

〈全書終〉

國家圖書館出版品預行編目資料

狼道／汪峻主編，初版--
新北市：布拉格文創，2021.01
面；　公分
ISBN 978-986-99503-4-3（平裝）
1. 成功法　2. 生活指導

177.2　　109016604

狼道
汪峻　主編

〔出版者〕布拉格文創社
〔總策劃〕林郁
電話：(02) 8666-5711
傳真：(02) 8666-5833
E-mail：service@xcsbook.com.tw

印前作業　菩薩蠻事業有限公司

總經銷　楨德圖書事業有限公司
新北市新店區寶興路 45 巷 6 弄 12 號 1 樓
電話：(02)8919-3186
傳真：(02)8914-5524

初版一版　2021 年 02 月
初版三刷　2021 年 05 月